La guerra civil española

BIBLIOTECA DE BOLSILLO

PIERRE VILAR

La guerra civil española

CRÍTICA
Barcelona

Primera edición en BIBLIOTECA DE BOLSILLO: enero de 2000
Segunda impresión en BIBLIOTECA DE BOLSILLO: junio de 2004
Tercera impresión en BIBLIOTECA DE BOLSILLO: febrero de 2006

Título original: *La guerre d'Espagne*

Traducción castellana de JOSÉ MARTÍNEZ GÁZQUEZ
Revisión de GONZALO PONTÓN

Diseño de la colección: Joan Batallé
Ilustración de la cubierta: Agustí Centelles, *Retrats de combatents*
(© VEGAP, Barcelona, 2000)

© 1986; Pierre Vilar, París
© 1986 de la presente edición castellana para España y America:
EDITORIAL CRÍTICA, S.L., Diagonal, 662-664, 08034 Barcelona
e-mail: editorial©cd-critica.es
http://www.ed-critica.es
ISBN: 84-8432-019-7
Depósito legal: B. 6765-2006
Impreso en España
2006.– A&M Gràfic, S.L., Santa Perpètua de la Mogoda, Barcelona

EL AUTOR ANTE LA ESPAÑA
DE LOS AÑOS TREINTA

El 19 de julio de 1936, cuando me llegó, en Francia, la noticia de la sublevación militar española, yo pasaba unos días en casa de Maurice Legendre, gran hispanista, a quien mi mujer y yo debíamos una inolvidable iniciación a Castilla, a Extremadura, al Toledo de Marañón, a la Salamanca de Unamuno. Sabíamos de su pasión exclusiva por la España católica y tradicional, de su rechazo instintivo del episodio republicano. Hasta la fecha, entre nosotros, la cuestión no había rebasado los límites de la amistosa controversia.

Sin embargo, ante su evidente satisfacción por la noticia de la sublevación militar, le objetamos, y esta vez seriamente, que iba a correr la sangre, quizá mucha sangre. Su respuesta fue: «Si vuestra madre tuviese un cáncer y se le indicase una operación, ¿dudaríais en aceptarla?». Cito aquí esta frase porque la imagen que sugiere y el argumento que implica estuvieron presentes en muchas mentes

—y en muchos escritos— de las capas altas de la sociedad española que se desgarró en 1936. Para ellas, la experiencia democrática, desde 1931, no era más que una anomalía maligna que debía ser extirpada quirúrgicamente.

Pero quien dice cirugía dice rapidez. Legendre añadió: «Es cosa de tres días». En este momento, una carcajada inesperada, insolente, nos sorprendió. Habíamos olvidado la presencia, a pocos pasos de nosotros, de la nodriza de mi hijo, una gallega analfabeta, totalmente indiferente a la política, que, sin embargo, había seguido nuestra conversación con avidez. Era la reacción popular instintiva ante el acontecimiento: «¡Ah!, ¿así que creen que van a acabar con nosotros en tres días? Pues bien, ¡ya lo verán!». Así se manifestaban, en julio de 1936, las pasiones y las ilusiones de clase en los dos extremos de la sociedad española.

La ilusión de la rapidez fue duradera. En noviembre aún, de paso en París, Legendre nos decía: «Esto caerá para Navidad». Y del Madrid republicano nos llegaba la canción:

Los cuatro generales
que se han alzado
para la Nochebuena
serán ahorcados.

Pues bien, no fue una, sino tres Navidades, las que pasaría España bajo las bombas. Sus estructuras internas eran más complejas de lo que ella misma había imaginado y la coyuntura internacional reproducía, como homotéticamente, las divisiones españolas.

Si doy a esta breve introducción un matiz personal es

porque el lector de un libro de historia tiene el derecho a un mínimo de información sobre las relaciones entre esa «historia» y el hombre que ofrece su análisis. Un francés de hoy puede considerar la guerre d'Espagne *como un episodio extranjero, lejano. Para mi generación (treinta años en 1936),* guerre d'Espagne *ha significado amenaza hitleriana, fanfarronadas mussolinianas, ceguera de las democracias parlamentarias, enigma soviético (¿fuerza o debilidad?, ¿esperanza o infierno?). Y para mí, que acababa de pasar en Barcelona, entre la felicidad y la simpatía, seis años de estudio, de enseñanza, de observación de la vida pública, suponía mirar con angustia el desgarramiento de un país amado y los sufrimientos de amigos que me eran muy queridos.*

No quiero erigirme en testigo de la guerra misma. Sólo pasé dos semanas (el tiempo de una mudanza) en la Barcelona revolucionaria. Sin embargo, tengo la sensación de haber practicado sin cesar desde 1936, por las confidencias que recibía, «la historia oral». Después de 1945, nuevas estancias me permitieron conocer «la España de Franco». Pero, sobre todo, ninguno de mis estudios sobre el pasado español, incluso el más lejano, me ha parecido extraño para la comprensión del presente.

¿Me da todo ello derecho para intentar, después de tantos otros, una síntesis de «la guerra de España»? La bibliografía sobre el tema es inagotable. Pero la verborrea triunfalista de los vencedores y el confuso amasijo de rencores entre los vencidos ponen de relieve una «historia de las mentalidades» que no exige una lectura exhaustiva. Por el contrario, trabajos recientes y minuciosos dan precisiones a veces sobre hechos mal conocidos; he procurado tenerlos en cuenta y siento únicamente que las características de esta

*colección * no me permitan multiplicar las referencias. Por lo demás, según mi costumbre, me ha importado menos «dar a conocer» los hechos que ayudar a comprender su mecanismo. El mayor pecado que se puede cometer es juzgar sin haber comprendido.*

---

* Se refiere a «Que sais-je?», colección de bolsillo de Presses Universitaires de France, editores de la versión francesa de este libro. (*N. del e.*)

Capítulo I

¿POR QUÉ LA GUERRA CIVIL?

Alrededor de 1970, José M. Gil Robles y Joaquín Chapaprieta, líderes políticos españoles de los años 1933-1936, publicaron dos libros: *No fue posible la paz* y *La paz fue posible*. Obsesión comprensible. Pero, bajo esta forma, el problema corre el riesgo de estar mal planteado. *La guerra tuvo lugar*. Terrible. Interminable. Hay que encontrarle otros orígenes distintos a los de una mala combinación ministerial, una buena voluntad frustrada, la torpeza de un presidente. La España del siglo xx heredó del xix graves *desequilibrios. Sociales*: vestigios del antiguo régimen agrario, estructuras incoherentes de la industria. *Regionales*: un desarrollo desigual opone mental y materialmente, en el seno del Estado, antiguas formaciones históricas. *Espirituales*: la Iglesia católica mantiene una pretensión dominante a la que responde un anticlericalismo militante, político-ideológico en una cierta burguesía, pasional en las masas populares anarquizantes. Se trata, en primer lugar, de ponderar la fuerza de estos problemas.

Los desequilibrios estructurales

Los desequilibrios sociales

Problemas agrarios. El más conocido es el del *latifundio*, candente en Andalucía, pero también en Castilla le Nueva y Extremadura. Si la propiedad gigante es excepcional (duque de Medinaceli, 79.000 hectáreas), la simple «gran propiedad» (más de 250 ha, aunque el «maximum agrosocial» depende de los suelos) domina en estas provincias, incluidos los municipios ricos (Sevilla, Jerez...). Ahora bien, cultivadas extensivamente las más de las veces, excluyen una explotación media bien equipada y no coexisten sino con una propiedad parcelaria minúscula y con pocos recursos. El sistema significa la amplia utilización temporera (100, 150 días por año) de un proletariado agrícola que espera, en la plaza de los grandes pueblos, una contratación a bajo precio (tres pesetas al día antes de 1931). Este proletariado tiene sus tradiciones, sus recuerdos: «años del hambre», gestos de revuelta (incendios, talas de bosques, cazas ilegales), conspiraciones, represiones. Las masas descristianizadas se impregnan de una mística: la *idea* anarquista, individualista y a la vez asociacionista. Lo que se ha llamado *el trienio bolchevique* (1917-1919), no tenía nada de «marxista». Los campesinos se habían agitado ante la noticia de que: «ha tenido lugar una revolución».

Todo ello no lo ignoraban ni los gobiernos, ni los partidos, ni los intelectuales. El Instituto de Reformas Sociales (1902), el célebre libro del notario Díaz del Moral sobre la historia de las agitaciones campesinas andaluzas (1921), el de Pascual Carrión sobre los latifundios (1932), permiten un acercamiento serio al hecho social agrario. Pero no se había intentado nada concreto, antes de 1931, para enmendar sus vicios. Es verdad que en 1931 la República, nacida el 14 de abril, había puesto inmediatamente en su orden del día la reforma agraria y las Cortes votaron, en septiembre de 1932, un texto muy meditado. Demasiado quizá. Los anarquistas veían en él «una obra maestra de pedantería» de aplicación difícil y lenta. Se inicia, de forma inesperada, con la expropiación de las tierras de los grandes de España, en represalia por una tentativa golpista (general Sanjurjo, agosto de 1932); esta reforma-sanción mezclaba peligrosamente lo social y lo político y, hasta 1933, sólo instaló algo menos de 9.000 familias en menos de 100.000 hectáreas, cuando la reforma agraria debía afectar a millones. En esta misma fecha, las elecciones legislativas acercaban al poder a una derecha realmente decidida a indemnizar a los expropiados y a parar la reforma.

La imbricación de lo social y lo político toma formas caricaturescas: un propietario cuenta en sus memorias cómo dijo a los obreros contratados en 1934 que: «cinco pesetas al día, era cuando *vosotros* ganasteis las elecciones; ahora que las hemos ganado *nosotros* son tres pesetas». La lucha se da a todos los niveles; en 1932-1933, los propietarios limitan la contratación; en 1934, los jornaleros ensayan la huelga de la recolección. De 700.000 parados, 400.000 son asalariados agrícolas. ¿Cómo se evitarían choques sangrientos en zonas agrícolas tradicionalmente agitadas por el mito del «reparto» de las tierras?

Tales choques se sucedieron desde 1932, entre población y Guardia Civil, en Castilblanco, Arnedo, Puebla de don Fadrique... Arnedo es la ocasión de la ruptura entre el general Sanjurjo y el presidente Azaña. Pero la Guardia de Asalto, creada por desconfianza hacia la Guardia Civil, se muestra más dura que ella. En enero de 1933, en Casas Viejas, dio muerte a 21 personas, de las cuales 12 fueron fusiladas sin juicio. Entre Azaña y la base popular se abre un abismo. Pierde con ello la presidencia y después la mayoría, pues la derecha explota el incidente. Ya hemos visto las consecuencias (elecciones de noviembre de 1933).

Pero el latifundio meridional no es el único problema planteado por un sector agrícola que, en 1930, todavía domina ampliamente la economía española. En Galicia, lo que origina miseria, es, por el contrario, la pequeñez de la explotación(el minifundio), puesto que recaen sobre él viejas cargas del antiguo régimen (los «foros»). Cataluña, más holgada, vive también un conflicto agudo de clase —rápidamente planteado en términos políticos— entre propietarios muy bien organizados (Institut Agrícola Català de Sant Isidre) y arrendatarios agrícolas llamados *rabassaires,* cuya estabilidad sobre la tierra depende de la perpetuación de las cepas.

El Institut alienta el mito (históricamente absurdo) de una armonía secular en el campo catalán, atribuyendo exclusivamente la «situación anárquica» de los años treinta a la República y a la «izquierda catalana» (la Esquerra de Macià y Companys). Ahora bien, en 1934, en virtud del Estatuto de Autonomía de 1932, ésta hizo votar una ley (la de *contractes de conreu*) que permitía el rescate de los arriendos. Los propietarios la hicieron anular en Madrid, cuando ganó la derecha. Ésta fue una de las razones por las que, el 6 de octubre de 1934, Companys entendió que debía proclamar el «Estado catalán». Como sea que fracasó, la revancha de los propietarios fue sonada: centenares de campesinos fueron expulsados de sus explotaciones, campesinos que regresarán, para volver a ocuparlas, después de las elecciones de febrero de 1936, favorables a la izquierda.

Victorias y fracasos de clase se encuentran de esta forma continuamente *imputados a lo político* (comprendiendo en ello, en Cataluña, las difíciles relaciones entre poderes autónomos y poder central).

Finalmente —y estos contrastes *regionales* cuentan entre los factores del estallido— el centro-norte español (Castilla-León) tiene todavía otra «estructura agraria» distinta. Menos distinta de la del sur de lo que se dice a veces: la *gran propiedad* también domina allá. Pero es eficaz, organizada, capaz de controlar, económica y también ideológicamente, a una masa de arrendatarios y de «propietarios muy pobres» en los límites de la subsistencia, y dependientes por ello, muy sensibilizados por la propaganda ante ciertos problemas: precio del trigo, aduanas, impuestos, disponibilidades monetarias, defensa de la *agricultura* en sí contra la ciudad, los obreros, la industria, las regiones industriales.

En Castilla-León consiguió tener éxito una operación, orientada en vano en 1917-1919 hacia el sur andaluz y el mundo obrero, *el encuadramiento en un sindicalismo católico*. Este sindicalismo tiene sus órganos cooperativos, financieros, pronto indispensables. Se vanagloria de sentar al más humilde campesino junto al más aristócrata de los propietarios. Pero éstos ocupan los puestos de mando junto con la jerarquía católica. La ideología es simple: defensa de la religión y la propiedad «contra el socialismo», unidad de «la Patria» contra las autonomías periféricas. La CNCA

(Confederación Nacional Católica Agraria) sindical prefigura la CEDA (Confederación Española de Derechas Autónomas) política de 1933.

¿Modelo?, el corporativismo salazarista. ¿Futuro?, los «sindicatos verticales» franquistas. Valladolid y Burgos serán los focos del «Movimiento» militar. Añádase a ello Navarra, con una originalidad más: la *tradición «carlista»*, especie de populismo anticapitalista en sus orígenes, pero ferozmente conservador, antiliberal y de costumbres guerreras.

No saquemos conclusiones demasiado pronto: la guerra civil «debía» estallar. Pero el fondo de clase da a la lucha política sus rasgos pasionales. Masas enteras son invitadas a *sospechar agresiones* y a *soñar con revanchas*.

Problemas urbanos, industriales, obreros. A priori, en la España poco industrializada de 1930, el obrero debería tener menos peso que el campesino. Pero los problemas que plantea, más localizados, son, a veces, también más candentes. En primer lugar, España tiene *grandes ciudades*: Madrid y Barcelona alcanzan los dos millones de habitantes; Valencia, Sevilla, Zaragoza, Málaga, pasan de los cien mil.

Todas tienen sus barrios pobres, sus pequeños artesanos, sus obreros (transportes, construcción), sus empleados mal pagados (comercio, servicios), todo un medio dispuesto a mantener duras luchas: huelgas de Madrid (tranvías, construcción, hostelería) en la víspera de la proclamación de la República (1931), así como en la del golpe de estado (1936); intentos de insurrección en Sevilla, sofocada a cañonazos en plena euforia republicana (julio de 1931); seis semanas de huelga *general* en Zaragoza con un esfuerzo de solidaridad en todo el país en pleno período de reacción política (abril-mayo de 1935).

Estos movimientos comprometen el futuro de forma diversa: sacan a luz las divisiones sindicales, dan argumentos a los partidarios del orden y algunas ilusiones a los líderes obreros, permiten prever ciertas sorpresas del verano de 1936: brutalidad inaudita del «Movimiento» militar contra Sevilla, excesiva confianza del estado mayor anarquista en Zaragoza, pero, también, en Madrid o en Málaga, presencia de fuerzas populares *encuadradas*, dispuestas para la acción, a pesar de la debilidad de un proletariado propiamente industrial.

En España, este *proletariado industrial* está a la vez más disperso orgánicamente y más concentrado regionalmente. Disperso porque no hay grandes empresas, la «fábrica» aislada es frecuente, a veces todavía con «colonia» obrera (valles catalanes); las grandes minas (Río Tinto) no tienen cinturón industrial; ciudades como Alcoy (País Valenciano) parecen vestigios de los tiempos de la época de las «manufacturas».

Dicho esto, hay *regiones industriales* características: *Asturias* (minas de carbón con industrias anejas), el conjunto siderúrgico de *Bilbao* y toda *Cataluña,* con sus fábricas dispersas, pero también con grandes centros especializados (Terrassa, Sabadell), y Barcelona, aglomeración de talla europea, todavía del «siglo XIX» en ciertos aspectos: sórdidos suburbios, barrios bajos urbanos superpoblados de inmigrantes rurales. Valoremos un dato: mientras que el conjunto español no tiene más que un 25 por ciento de población industrial en su población activa, Cataluña tiene un 45 por ciento. Un proletariado tan agrupado *piensa* y *se organiza*.

Alrededor de Bilbao y de *Asturias* la ideología es *socialista,* con la UGT (Unión General de Trabajadores) como expresión sindical. Pero condiciones de vida duras radicalizan frecuentemente las aspiraciones obreras; en Bilbao se complacen en evocar las grandes huelgas de 1890, de 1902. Y, desde 1926, existe en todo el norte una franja *comunista* minoritaria pero activa.

En Cataluña, la conocida originalidad, que la guerra hará célebre, es el mantenimiento, raro en Europa hacia 1936, de una poderosa central *anarcosindicalista,* la CNT (Confederación Nacional del Trabajo). Su peso es incontestable. En 1919 contaba en Cataluña con 300.000 afiliados; se le atribuirá un millón y medio durante la República.

Una certeza: la CNT puede, con una orden, paralizar Barcelona, y cualquier movilización política en esta ciudad (como la del 6 de octubre de 1934) organizada sin ella o contra ella está condenada al fracaso. Y es que el anarquismo catalán tiene su historia: fidelidad a un pasado bakuninista, héroes y mártires del proceso de Montjuïc (1897), de la Semana Trágica (1909), de la huelga de la electricidad de La Canadiense (1919), víctimas del contra-terrorismo policíaco (Seguí, Layret). ¡Cuántas lecciones militantes!

La CNT tiene un proyecto revolucionario y un proyecto de sociedad. Pero para la CNT la revolución debe surgir de la base y construirse sobre *comunas* y *sindicatos.* La CNT sólo plantea el problema del estado de forma negativa. Para ella todo lo que proviene de arriba es sospechoso. Esa actitud disgregará las iniciativas revolucionarias.

En 1931, líderes moderados («los Treinta») señalaron este peligro, pero fue en vano. Desde la clandestinidad de los tiempos de Primo de Rivera (1923-1930), los anarquistas puros (grupo «los Solidarios», Federación Anarquista

Ibérica [FAI], núcleo más difícil de perfilar) orientan la Confederación y lo continuarán haciendo cada vez más. A la cabeza tienen fuertes personalidades (Durruti, García Oliver, los Ascaso).

En 1932 es normal que hayan denunciado la lentitud, los compromisos del socialismo reformista en el seno de la «República burguesa». Pero quisieron experimentar también sus capacidades de insurrección. En enero de 1932 el «comunismo libertario» fue proclamado en los pueblos mineros del Alto Llobregat. La reivindicación obrera inicial trataba de elevar el salario *semanal* de 15 a 25 *pesetas*. ¡Se suele olvidar tales cifras cuando se trata de explicar la combatividad *social* de los obreros en los primeros años treinta! Pero la actuación *política* (ocupar los ayuntamientos) hizo creer en un «complot internacional». Azaña reconoció que estuvo mal informado. Al no haber víctimas, la represión fue breve. Pero el incidente es revelador: el poder sólo imagina masas ignorantes y estados mayores misteriosos. Y la CNT vuelve a las acciones dispersas, a aquel «cantonalismo» de 1873 criticado por Engels, que había perdido a la primera República. Un año más tarde basta con una orden de huelga mal interpretada para que algunos pueblos del sur proclamen a su vez el «comunismo libertario».

Y llegó Casas Viejas: la tragedia. También aquí confiesa Azaña que estuvo *mal informado* en aquel momento, problema esencial en el origen de la guerra civil. Por costumbre, prejuicios o complicidad de clase, los informadores de los gobernantes les pintan siempre la agitación social como factor de complots autoritarios, jamás la resistencia a las reformas como factor de la agitación. Como decía (en 1766) el conde de Aranda, es más fácil para el poder habérselas con las *consecuencias* de una situación social que con sus *causas*. La ley de excepción llamada «de defensa de la República» fue aplicada casi exclusivamente a los movimientos obreros.

Casas Viejas supuso la radicalización de la actitud socialista, la caída de Azaña, la apelación al sufragio universal. La CNT reencontró entonces su viejo eslogan: «¡No votéis! ¡Contra las urnas, la revolución social!». Después, ante el triunfo de la derecha, apeló a la resistencia armada. Prevista (Durruti fue arrestado en forma preventiva), esta resistencia fracasó, no sin víctimas: 75 insurgentes y 14 guardias muertos (diciembre de 1933).

De hecho, la derecha no llegó al poder de forma inmediata. El presidente de la República, Alcalá Zamora, quiso gobernar «apoyándose en fuerzas de centro»; nueve meses de intrigas parlamentarias demostraron lo vano del propósito y, el 4 de octubre de 1934, la entrada en el gobierno de miembros de la CEDA, no adheridos formalmente a la República, provocó vivas reacciones en los medios políticos y en las organizaciones obreras. Se pueden distinguir tres casos:

1. En Madrid, en el País Vasco y en varias ciudades hubo huelga general, en ocasiones intentos de insurrección (Madrid), pero que las fuerzas del orden (y, aquí y allá, grupos civiles armados) redujeron rápidamente; se persiguió a líderes socialistas, denunciados como responsables.

2. En Asturias, excepcionalmente, una «alianza obrera» unió a socialistas, comunistas y anarquistas en comités comunes; las fábricas, los cuarteles, las estaciones, las ciudades de Gijón, Avilés, Mieres, y casi todo Oviedo, fueron ocupadas; se trató de una «revolución» en el sentido de que la producción, los servicios, las comunicaciones, fun-

cionaron bajo el control de los obreros, en una dictadura de guerra matizada en sus formas según las tendencias dominantes en los comités locales. Pero, desde los días 7-8 de octubre, el fracaso de los otros movimientos españoles condenó a los insurgentes asturianos a una retirada defensiva que duró hasta el 19 de octubre, ante las tropas de Marruecos y de la Legión traídas por mar; a la cabeza, el coronel Yagüe, el general Franco, *los hombres de la futura guerra civil*; durante meses una parte de España iba a alimentarse de los relatos de «atrocidades revolucionarias», otra de los rumores sobre la represión que había ocasionado más de 1.000 muertos y mantenía en la cárcel, en todo el país, a 30.000 personas.

3. El tercer rechazo de lo que Miguel Maura llamaba «la República desfigurada» tuvo lugar en Cataluña, con el apoyo de una «alianza obrera» que unía al Partido Comunista (débil en Cataluña), al Bloc Obrer i Camperol (formación comunista disidente, específicamente catalana, motor de la «alianza») y un pequeño partido «nacionalista proletario». Todos querían sostener la iniciativa de la Generalitat de proclamar «el Estado catalán» dentro de una República española federal. Sin embargo, Dencàs, *conseller* responsable del movimiento, marginó voluntariamente a la CNT; en Barcelona eso era escoger la impotencia; el ejército acabó fácilmente con la resistencia de los centros oficiales y de los grupos parapetados en un centro sindical. Hay que recordar, sin embargo, que en otros pueblos catalanes, y en el campo, el movimiento no había sido totalmente menospreciable.

Los desequilibrios regionales: nacionalismos periféricos

Se comprendería mal la guerra de España, en sus orígenes y en su desarrollo, si se ignorase el vigor de los sentimientos de grupo convertidos en *nacionalismos* en ciertos casos, que animan, en la periferia de la Península, a antiguas formaciones históricas. Una sola, Portugal, tiene el estatuto de nación-estado. Sin embargo, otras, distintas por su lengua, su pasado, su estructura social, su nivel de desarrollo, han soportado difícilmente en el siglo XIX el unitarismo español, que es dogma en Castilla. Se impone una ojeada comparativa que justiprecie los diversos grados de evolución de estos fenómenos centrífugos.

El nacionalismo catalán. Tiene como fundamentos: 1) *la lengua* que ha hablado siempre el pueblo, y cuyo pasado literario es suficientemente brillante como para inspirar, en el siglo XIX, una *renaixença*; 2) *la historia*, que esta *renaixença* ha mitificado, pero a partir de realidades gloriosas: poderío catalán medieval, reconocido en todo el Mediterráneo, con su moneda, sus aduanas, sus cónsules, su derecho marítimo, su derecho rural, sus órganos representativos (Parlament, Generalitat, Consell de Cent barcelonés, modelo de municipio, con los monumentos que los recuerdan); 3) *una tradición independentista*, ligada a la crítica de los reyes de Castilla («*Visca la terra i mori lo mal govern*»), con *guerras* en 1462-1472, 1640-1659, 1705-1714, conllevando esta última la pérdida de las antiguas instituciones; 4) *una originalidad económica*, más reciente, pero adquirida desde el siglo XVIII por la presencia de una *industria*, principalmente textil, cuya prosperidad depende de un mercado español pobre y cuya estabilidad es precaria, puesto que su protección aduanera está ligada a las decisiones de Madrid, en donde el proteccionismo tiene aliados (grandes cerealistas) pero también virulentos adversarios: comerciantes, políticos, ideólogos librecambistas, prensa dispuesta a conseguir popularidad tronando contra «el egoísmo» catalán, militares a quienes se encarga a la vez combatir en Cataluña al carlismo «montañés» antiliberal, anticentralista, y al obrero barcelonés cuyas revueltas toman precozmente (1836) la forma: «viva la República catalana» o, incluso, «viva el Estado catalán».

Sin embargo, es tardíamente, en el siglo XIX, cuando estas contradicciones (subrayadas en Castilla antes de serlo en Cataluña) desembocan en una conciencia «catalanista» propiamente dicha, en el sentido que el siglo XX da a esta palabra. Por un lado la Iglesia católica se esfuerza en canalizar la herencia del viejo carlismo en un tradicionalismo religioso con símbolos catalanes (sant Jordi, Núria, Montserrat sobre todo). En el otro extremo del abanico espiritual, otra herencia, la de Pi i Margall, recogida por Almirall: un idealismo republicano, federalista, antiestado. Dos corrientes alejadas que un día confluirán.

El fin del siglo ha visto cómo se multiplican los signos de descontento contra las debilidades económicas y los fracasos políticos del poder central. Se había dicho: Cataluña es la patria, España es la nación. Se dirá: Cataluña es la nación, España es el Estado. La fecha clave es 1898, cuando el desastre ante los Estados Unidos y la pérdida de Cuba se lamentan tanto más cuanto que el espíritu imperialista europeo está entonces en su cenit. El gran poeta catalán Maragall escribió un «Adiós España» que su amigo

Unamuno comprende porque él también está indignado, deshecho, pero que no puede dejar de considerar como la deserción, un día aciago, del hermano «*más capaz*» de la familia. En niveles menos elevados, se tiene envidia, simplemente, al hermano «más capaz».

El fenómeno catalán se precisó en 1906: «Solidaridad Catalana» electoral entre los partidos más opuestos (carlistas, federalistas), Primer Congreso de la. lengua catalana, publicación de *La nacionalitat catalana* de Prat de la Riba, teoría del paso del regionalismo al nacionalismo, concluyendo con la *exigencia de un Estado* en nombre de una burguesía frustrada.

A decir verdad, este «nacionalismo burgués», hoy bien estudiado, lleva en sí sus propias contradicciones: ¿podría, a la espera de un «Estado catalán» hipotético (y que se guarda de proponer para lo inmediato), prescindir de toda esperanza de *influir* en el Estado español y de la *garantía social* de éste? En 1918, Cambó, jefe del partido catalanista (la Lliga), acepta entrar en un gabinete Maura. Y los años socialmente trágicos de 1917-1923 ven a los patronos catalanes colocarse tras el general-policía Martínez Anido, esperando que la Lliga acepte, si es que no la sugiere, la dictadura de Primo de Rivera; el espíritu de clase ha sido más fuerte que la afirmación «nacionalista».

Pero se percibe entonces que ha jugado otra dialéctica entre hecho nacional y hecho social. El «catalanismo» se ha convertido en el instrumento de otra Cataluña: la de los agricultores modestos, *rabassaires,* artesanos, empleados, pequeños comerciantes, maestros de escuela, curas de pueblo, intelectuales críticos ante su propio medio —lo que en la Francia de la III República se ha llamado *les nouvelles couches*—, relevo posible de los «notables» de anta-

ño, con un ideal (sensibilidad antes que ideol
se reencuentran la *Patria*, la *Democracia*, lo
pulares. La Lliga conservadora, ligada al pod
defender allí sus intereses de clase, es denunciada entonces
como *traidora* «a la Patria» y al «pueblo» catalanes.

Y es así como bajo Primo de Rivera (1923-1930) los
agravios de grupo se han sumado a los agravios de clase
en una Cataluña masivamente en la oposición. Ciertamente, el proletariado anarquizante afirma siempre que des-
precia tanto el «chovinismo pequeñoburgués» como el «nacionalismo burgués». Pero, en abril de 1931, en la primera
consulta popular después del silencio de la Dictadura, la
CNT dejó (o hizo) votar al partido político más «situado»
a la izquierda. Se trataba de un partido *catalanista*, la
Esquerra republicana, cuyo triunfo sorprendió por sus dimensiones.

Esquerra republicana debía mucho a un hombre, Fran-
cesc Macià, cuya aventura romántica de 1926 (proyecto de
invadir Cataluña por Prats de Molló para proclamar la independencia) había conmovido las conciencias a pesar de
su fracaso. Un patriotismo casi místico, una total pureza
moral, una buena voluntad social ingenua (quería asegurar, se decía, a cada catalán *la caseta i l'hortet*), hacían de
Macià una figura carismática y familiar a la vez, la de un
abuelo (*l'avi*). Por eso, el 14 de abril de 1931, en las calles
de Barcelona, yo oí corear el grito: «Mori Cambó, visca
Macià». Al distanciarse de la Lliga conservadora, la reivindicación nacional catalana se unía con las aspiraciones democráticas. *Esta unión se verificará al estallar la guerra
civil*.

Pero el 14 de abril de 1931, Macià, desde el balcón
de la antigua Generalitat, había proclamado «la República

catalana, como Estado integrante de la República federativa ibérica». Era audaz, aunque conforme con la tradición federalista. Pero ello se anticipaba a la votación de una Constitución, cosa que se le hizo comprender a Macià, el cual se contentó con el título de presidente de la Generalitat y con una promesa de estatuto de autonomía. Ahora bien, la discusión de este Estatut en las cortes constituyentes españolas reveló, en la denuncia del «separatismo» por los partidos de derecha, *todo el vocabulario pasional que sería el mismo de la rebelión militar de 1936.* Incluso en las intervenciones de republicanos como el filósofo José Ortega y Gasset, se aprecia la violencia del sentimiento unitario español, la repugnancia por el Estatut. Sin embargo, fue votado, a petición de Azaña, quien, en esta materia como en materia agraria, creía en las soluciones *por los textos.*

Pero los textos no lo son todo. Desde 1934, cuando la izquierda mantuvo la mayoría en Barcelona y la derecha gobernó en Madrid, estallaron duros conflictos que ya hemos señalado. En 1936, ante la rebelión militar, Cataluña se sentirá atacada *como tal*, por lo amenazador del discurso «antiseparatista». Reaccionará, pues, masivamente. No «unánimemente», claro está. En efecto, las clases y los hombres que hacía poco pertenecían a la Lliga conservadora fueron rechazados espontáneamente del campo republicano. La mayor parte sintieron complacencia en ello, mas algunos se sintieron lastimados como catalanes. Por su parte, la CNT, dotada de pronto de poderes inesperados por la victoria barcelonesa sobre los militares, pensará en la «revolución» más que en «Cataluña»; ello será el origen de muchos conflictos.

Así, pues, la guerra civil no se comprendería: 1) sin

medir la crisis de conciencia que ha acarreado a la España del siglo XIX su fracaso como Estado-nación-potencia a la manera de sus vecinos; 2) sin tener en cuenta el juego complejo que a veces añade, y a veces deduce, la fuerza de las *conciencias de grupo* a la de las *conciencias de clase*.

Sin embargo, la «cuestión catalana» podría ser una excepción. Valencia, Baleares, países igualmente «catalanes», no han planteado problemas agudos. Y Galicia, que tiene lengua y cultura propias, ha podido pedir, bajo la República, un estatuto de autonomía, sin que el aplazamiento de su adopción haya causado un drama. Pero se sabe que no ocurre lo mismo con otro nacionalismo —*el vasco*— tan exigente como el catalán y que ha jugado en los acontecimientos de 1936 un papel que merece a su vez algunas reflexiones.

El nacionalismo vasco invoca una *lengua*, un *pasado*, de una rara originalidad. Todo parece inmemorial en los rasgos distintivos de los vascos. Se puede hablar de «etnia», quizá de «raza». La pertenencia a un grupo humano reducido, aislado, amenazado de absorción por la civilización moderna, es el primer fundamento de la conciencia vasca.

Este grupo étnico, extendido desde los Pirineos al Océano, cedió mucho terreno desde la Prehistoria, pero resistió sucesivamente, hasta muy avanzada la Edad Media, a los romanos, a los árabes, a los francos, e incluso a la introducción del cristianismo (que se hizo tan vigoroso precisamente por su tardía implantación). Este pueblo de pastores y agricultores no es, sin embargo, un pueblo cerrado; también es un pueblo de pescadores y marinos, ligado activamente al descubrimiento y al poblamiento del Nuevo Mundo. Históricamente, las comunidades rurales y monta-

ñesas y las pequeñas «repúblicas» urbanas vascas, consti-
tuidas en «provincias», sólo se han considerado ligadas
a los reyes por lazos personales y recíprocos; fidelidad a
cambio de respeto de las libertades y privilegios tradicionales: los *fueros*. Sabino Arana, fundador del nacionalismo
vasco a finales del siglo XIX, razonaba *en un principio* a la
manera medieval: «no soy español, porque soy "vizcaíno";
no soy "separatista", porque jamás he pertenecido sino
a un solo cuerpo: Vizcaya».

Sin embargo, el modelo propuesto finalmente por Arana
a los vascos fue sin duda la *nación* moderna: *una* (*zazpiak
bat*: 7 [provincias] = 1), que tiene un *nombre* (Euskadi),
y una *bandera* (la «ikurriña»). Esta necesidad de un nombre,
de una unidad, de un símbolo, no es forzosamente el sig-
no de una exigencia artificial: expresa el temor de ver desaparecer una *diferencia*, sensibilidad más cercana al siglo XX
que al XIX. Sabino Arana decía, en efecto: una lengua no
fundamenta un patriotismo, pero sólo un patriotismo puede salvar la existencia de una lengua amenazada.

El nacionalismo vasco no es, pues, como se sostiene
a veces, una simple herencia del viejo carlismo, una forma
modernizada de la defensa de los «fueros»; es verdad que
en el último siglo los carlistas sostuvieron tres guerras contra los ejércitos centralistas, pero se trataba de guerras
contra todo liberalismo, todo individualismo, en política
y en economía, tanto en las instituciones como en las costumbres. «Dios y leyes viejas» gritaban (en vasco) los sol-
dados-campesinos con boina roja, encuadrados por *militares de carrera* y un *clero combatiente*. Pero atacaban
también a la ciudad de Bilbao, capital vasca, porque el
comercio hacía reinar allí el liberalismo. No se puede, pues,
confundir ideología carlista y solidaridad vasca.

Haciéndolo, no se comprendería cómo en 1936 una juventud con uniforme carlista (los requetés) pudo ponerse, en Navarra y en Álava, a las órdenes del general Mola, enemigo jurado del nacionalismo vasco. En este caso el componente carlista que influyó fue la pasión antiliberal, antirrepublicana, la consigna de «Cristo rey»; una especie de Vendée, cuyas tropas se lanzaron contra Guipúzcoa, que se sabía hostil a los generales sublevados y hostil en tanto que nacionalista vasca.

Pero, ¿de dónde viene, entonces, este *nacionalismo vasco* que, en efecto, va a resistir al golpe de estado militar, a su manera, pero sin romper con el gobierno republicano español? Se hace tentadora la comparación con el nacionalismo catalán, y uno piensa en las peculiaridades estructurales: tanto Vizcaya y Guipúzcoa, como Cataluña, son, en contraste con la España interior, una *región industrial*. De menos antigüedad, pero se trata frecuentemente de industrias más pesadas: minas, siderurgia, construcción naval, con un fuerte aparato bancario. No hay empero identidad en las relaciones entre estructuras industriales y nacionalismos vasco y catalán. Los responsables del gran capital vasco no han asumido jamás colectivamente las tesis regionalistas, después nacionalistas, y quienes lo han hecho son los representantes de una burguesía media —dueños de empresas familiares, comerciantes, notables rurales, hombres de profesiones liberales— menos conservadores y menos ligados a Madrid que los banqueros de Bilbao o la Lliga de Cambó, pero no por eso más asimilables al «catalanismo de izquierda», del que conocemos sus ligámenes con un republicanismo anticlerical.

Por lo demás, en una atmósfera en la que la industrialización modernizó el estilo de las relaciones sociales, la forma carlista de la reivindicación vasca caducó finalmente, así como ciertos aspectos originarios del pensamiento de Arana, de entre los cuales el vasquismo cuasi racista denunciaba violentamente la presencia de obreros inmigrados (*maketos*), y toda evolución que amenazase la sociedad patriarcal.

La burguesía media vasca no puede ni quiere volver a este tipo antiguo de sociedad. Pero un sentimiento de grupo *vivo*, *popular*, y ligado al catolicismo, puede ofrecerle los medios de mantenerse como clase dirigente. Se esfuerza, pues, en encuadrar una sociedad a su medida: políticamente, a través del Partido Nacionalista Vasco (PNV), sindicalmente por medio de una Solidaridad Obrera Vasca (SOV) y también por medio de una red de asociaciones (mujeres, jóvenes, beneficencia, etc.); finalmente, y quizá sobre todo, ideológicamente, por medio de un clero urbano suficientemente abierto a las orientaciones sociales modernas y un clero rural que se siente *vasco* ante todo. Semejante estructura no deja de traer a la memoria el esfuerzo del sindicalismo católico en Castilla la Vieja; pero las condiciones son diferentes: no hay grandes propiedades agrarias dominantes, la industria hace del socialismo obrero un adversario concreto, cotidiano, pero no un mito infernal, y, en fin, si se invoca «la Patria», es «Euskadi» y no «España»; el vínculo catolicismo-nacionalismo (el «mito histórico») no tiene en absoluto el mismo contenido.

Se comprende así por qué el nacionalismo vasco mantuvo relaciones ambiguas con la República de 1931. No es que se la acogiese mal en las dos provincias industriales; incluso la pequeña ciudad de Éibar fue la primera de España en proclamarla el 14 de abril. Los viejos carlistas, por su parte, no amaban precisamente a los Borbones reinantes: «para que aprendan», dijo un prelado vasco ante la noticia del triunfo republicano. Y desde el 17 de abril, el PNV irá reuniendo en Gernika representantes de los municipios para proclamar «*la República vasca*»; como en Cataluña, hubo que renunciar a un término demasiado audaz; en junio una asamblea de la misma naturaleza no emitió más que un proyecto de estatuto de autonomía. Como este proyecto preveía que las relaciones entre Iglesia y poderes públicos dependerían de las autoridades autonómicas, Prieto, diputado socialista y ministro de la República, se sintió inquieto ante un «*Gibraltar vaticanista en el norte de España*» y, cuando las Cortes constituyentes votaron el principio de una legislación laica a la francesa, los diputados del PNV, en señal de protesta, abandonaron la asamblea con los partidos de la derecha. Parecían, en aquella fecha, más católicos que republicanos.

Pero cuando aquellos partidos de derecha llegaron al poder en 1934-1935, su hostilidad hacia las autonomías en general, su boicot al proyecto de estatuto vasco en particular y la violencia de la represión anticatalana y antiobrera después de los acontecimientos de octubre, acercaron sensiblemente el PNV a los partidos de izquierda. No llegó a adherirse al Frente Popular, pero el triunfo de éste en las elecciones de febrero de 1936 fue lo que permitió, antes de finales de junio, la adopción de lo esencial del estatuto vasco. Se podía prever, pues, que las provincias sometidas a la influencia del PNV no se alinearían espontáneamente tras el movimiento militar. Y, en efecto, después del 19 de julio de 1936, los diputados Irujo y Lasarte declaraban oficialmente que «*entre la ciudadanía y el fascismo, entre la República y la monarquía*», Euskadi no dudaría, «*siendo la democracia una de las características distintivas*» de este pueblo «*durante siglos de libertad*». Es la interpretación «de izquierdas» del mito histórico.

Sin embargo —y encontramos aquí la primacía de lo estructural—, las provincias vascas predominantemente agrarias —Navarra y Álava—, se habían volcado hacia el otro campo por medio de la movilización carlista de la juventud. Es comprensible que las autoridades eclesiásticas vascas estuvieran divididas.

Esas son las complejas circunstancias que hicieron del «problema vasco», entre 1936 y 1939, tema de controversias apasionadas, en particular en Francia, donde fue la piedra de toque entre dos actitudes católicas: Maritain y Madaule contra Massis y Claudel.

Los desequilibrios espirituales. La imputación a lo religioso

La guerra civil española ha sido presentada más de una vez como una *guerra de religión*, y es cierto que si cotejamos ciertas fotografías, cien veces reproducidas, de iglesias incendiadas por una parte y por otra de cardenales revestidos solemnemente bendiciendo desfiles militares, no se puede negar el enfrentamiento entre dos Españas —«España roja» y «España negra»—, una de las cuales, según Machado, ha de «helarle el corazón» a todo españolito que viene al mundo. ¿Están separadas por la religión? El empleo de esta palabra no está exento de peligro.

Seguramente, en algunas de sus regiones, la España del siglo xx transmite aún una herencia histórica y conserva un ambiente tradicional, que mantienen en el seno del pueblo ciertas creencias. Hacia 1930, gracias a Maurice

Legendre, conocí pueblos y hombres cuya cultura, en el sentido etnológico de la palabra, era del siglo XIII: Cristo, los santos, el diablo, los judíos («judíos» *totalmente imaginados*) representaban en ella el papel más familiar. En otras capas sociales, no tengo ninguna razón para subestimar el nivel intelectual y la total sinceridad de convicciones católicas inseparables, en determinados medios, de la educación familiar.

Por el contrario, en muchos pueblos andaluces, «lo imaginario» * del pueblo puede ser un milenarismo revolucionario y —por ejemplo en los círculos culturales preferidos por los anarquistas barceloneses— un ateísmo militante toma aspecto de fe mística en una mejora de la humanidad por el triunfo de la razón sobre la superstición y el dogma.

Son éstas, a pesar de su diversidad, otras tantas actitudes «religiosas».

Dicho esto, sean cuales sean las causas profundas y las respectivas extensiones de estas espiritualidades opuestas, y sean cuales sean las cegueras que puedan producir en los mejores hombres las convicciones demasiado ardientes, yo no creo que el conflicto de 1936, en sus brutales expresiones, haya *nacido* de estos contrastes culturales y de estos choques doctrinales. *La imputación a lo espiritual existe.* Lo que cuenta, por la mediación de lo político, son las reacciones pasionales ante los temores y las esperanzas *sociales*.

Pero no olvidemos en este juego el papel de las *causa-*

* Traducimos *l'imaginaire* por «lo imaginario» que, aunque aún tiene poca tradición en castellano, preferimos —por su proximidad semántica— a otras soluciones quizá estilísticamente más agradecidas. (*N. del t.*)

lidades diabólicas. Por un lado se ha visto a los que presumen de servidores de Dios defendiendo el capital y el antiguo régimen; por otro, a enemigos de Dios organizando la revolución social. Muchas de estas imágenes venían del siglo anterior.

Sin embargo, observamos en el campo conservador el empleo de una fórmula que es propia del siglo xx: la del *complot bolchevique-judeo-masónico,* cuyo segundo término, raro al principio, se hace frecuente con la progresión de las influencias fascistas.

Pero, por el lado del pueblo, es el viejo *reflejo anticlerical* el que proporciona el vocabulario clave. Eso se me reveló claramente en la mañana del 7 de octubre de 1934; había trasnochado escuchando la radio, había oído la proclamación de la «República catalana», las llamadas a las armas, el ruido de las armas mismas; me había planteado el problema catalán, el de la participación obrera, el de la intervención de las fuerzas armadas. Con todo, cuando yo pregunté a la joven aragonesa que me traía la leche por la mañana «¿qué se dice *en la calle?*», ella me respondió: «*dicen que han ganado los curas*». Me reí. Dos años después, en agosto de 1936, ya no me habría atrevido a reírme. Esta vez, en Barcelona, «los curas habían perdido» y lo pagaban caro. Uno de ellos, ante la hecatombe de los eclesiásticos, me dijo: «les está bien empleado». Entonces eso era la excepción, pero anunciaba futuros exámenes de conciencia.

Durante la República, en efecto, la Iglesia había hecho imprudente ostentación de su solidaridad con las clases conservadoras. En las elecciones de 1933 y 1936, yo había visto religiosas de clausura, a veces enfermas o nonagenarias, conducidas desde su convento hasta las mesas electorales en suntuosos *Hispanos*. La prensa anticlerical sacaba partido de ello porque no se podía subrayar mejor la convergencia política Iglesia-aristocracia. En 1935, fue la juventud la que se movilizó en lugares simbólicos de la *Reconquista* (Covadonga) y de la *Contrarreforma* (El Escorial). La imagen de la futura *cruzada* franquista, del nacional-catolicismo de los años cuarenta está, pues, presente *antes de 1936*, y el alma de estas manifestaciones, aquel al que se aclamaba como «¡jefe!, ¡jefe!», José María Gil Robles, procedía de la jerarquía de las organizaciones católicas: CNCA (Confederación Nacional Católica Agraria), ACNP (Asociación Católica Nacional de Propagandistas).

Sin duda, los fundadores del catolicismo social, Ángel Herrera, Severino Aznar, podían afirmar que no habían tenido, desde principios de siglo, más que una sola referencia: la encíclica *Rerum Novarum*. Pero, de 1931 a 1936, su periódico *El Debate*, había tomado frecuentemente un tono belicoso. En la cúpula —y en la financiación— de las organizaciones católicas, sinceros cristianos-sociales se codeaban con hombres como Lamamié de Clairac, quien había dicho espontáneamente: «Si las encíclicas me despojan, me haré cismático». Estas palabras iban dirigidas al ministro de Agricultura, Giménez Fernández, hombre de buena voluntad, quien, en 1935, quería salvar los restos de la reforma agraria y que perdió en ello su cartera ministerial.

Gil Robles había preferido la cartera de la Guerra, con el general Franco, organizador de la represión en Asturias, como jefe de Estado Mayor. Gil Robles se defendió más tarde, con verosimilitud, de las acusaciones de haber querido ser Hitler. Pero en 1934, después de la represión de

Viena, el modelo Dollfus, que se podía aplicar a Gil Robles, no era más tranquilizador. En 1937, en un documento fundamental, la CNCA hará valer ante Franco, que la tenía algo relegada, sus méritos de *pionera* en el combate «*verticalmente antimarxista*» [*sic*], pero también —simétricamente— *antiliberal* que la Iglesia oficial había aprobado (o inspirado). Se la confundió con el «fascismo».

Es verdad que, entre 1931 y 1933, la Iglesia había podido sentirse amenazada en su situación dominante tradicional y en sus principios mismos por la proclamación de la libertad religiosa de los ciudadanos, de la separación de las Iglesias y el Estado, de la legalidad del divorcio, y por leyes sobre las congregaciones y la escuela, que ponían fin a la identificación ideológica entre Estado español y doctrina católica.

Azaña lo resumió en una frase, que hizo mella: «España ha dejado de ser católica». Sin duda quería decir: el «Estado» español. Se entendió, para indignarse o para alegrarse, la *nación*, el *pueblo*. Lo cual, evidentemente, no era exacto, no solamente en muchas regiones y medios sociales, sino ni siquiera entre los fundadores de la República.

Entonces, ¿por qué leyes laicas capaces de suscitar, como en la Francia de 1900, una guerra moral? Porque para una burguesía media española, «ilustrada», heredera del liberalismo de todo un siglo, el peso de la Iglesia y de sus alianzas era tenido por responsable del *retraso* de España con respecto a Europa. *Laicizar* era *modernizar* en la esperanza de contener la amenaza social. Pero, hacia 1930, se propuso otro medio para los mismos fines: el fascismo. Estos desfases, estas combinaciones, entre *ves-*

tigios del siglo XIX y *novedades* del XX producían en
de la sociedad española múltiples combinaciones.

1. Hay que citar la *francmasonería*, presente en los
orígenes de la República, denunciada por la derecha española como una «internacional» que preparaba el socialismo y el comunismo, cuando había masones en el ejército, de los cuales más de uno se uniría a la sublevación.
En realidad, las solidaridades masónicas no cuentan ni al
principio ni al final del levantamiento, ya que Franco personalmente (pero ¿desde cuándo?) da pruebas de una verdadera obsesión antimasónica.

2. Un *republicano histórico* como Lerroux, hombre
sin escrúpulos, había incitado en 1909 a «los jóvenes bár-
baros» a violar a las monjas. Campeón del moderantismo,
apareció en 1931-1936 como posible garante de una República conservadora; Gil Robles aceptó estar en el poder
con él. Cambó estaba con él en cabeza de una lista electoral (1936); todo ello no molestaba a los políticos; pero
yo he oído a una dama muy respetable de la sociedad católica barcelonesa predecir (con razón) el fracaso de una
alianza tan «inmoral».

3. Los primeros grupos fascistas (1931-1933: Giménez Caballero, Onésimo Redondo, José Antonio Primo de
Rivera) pusieron algún pero ante el problema católico.
Sabían que en Alemania y en Italia, Estado e Iglesia no
se confundían. Sin embargo, ideológicamente, estos jóvenes
jefes fascistas hacen del catolicismo una de las bases de la
«hispanidad», del rechazo de la Reforma una de las glorias
históricas de España; emplean ya la palabra *cruzada* y toman sus símbolos de los reyes «católicos».

4. Hemos dicho que la opinión popular continúa in-
terpretando todo acontecimiento en función de lo que les

la prensa anticlerical estilo 1900
onríe ante los extremistas (los de
iícolas y los anticlericales rabiosos,
etante es quizá la indiferencia iró-
urbanas, cuando en 1931 arden los
n 1909... ¡o en 1835!

ier 1936 es preciso, pues, evocar una atmósfera. Too. a en plena República, al contratar una sir-
vienta, ésta hacía la pregunta: ¿dónde debo ir a misa?
Los niños que se cruzaban en la calle con el cura del pueblo debían besarle la mano. El hábito separaba al sacerdote
del resto de los hombres y todo racismo se funda en la
percepción de las diferencias. Los novelista actuales (Cela,
Delibes) describen de forma sorprendente esta dominación-
separación del clero rural.

Finalmente, el hecho religioso tenía valor de símbolo.
El marqués de Valdeiglesias cuenta en sus memorias que
al día siguiente de la frase de Azaña, «España ha dejado
de ser católica», aquellos amigos que no iban a misa volvieron a la iglesia. Los aspectos «religiosos» de la España
de 1936 descansan sobre estas transferencias.

Tradiciones, tentaciones e ilusiones: «Ejército»
y «Revolución»

Tradiciones y tentación en el mundo militar. Unamuno decía: el régimen político natural de España es lo
arbitrario, atemperado por arriba por el *pronunciamien-*
to y por abajo por *la anarquía*. Es una *boutade*, pero si
se piensa que este país en *ciento veintidós años* ha conocido *cincuenta y dos* intentonas de golpe de estado militar,

se comprende que no es injustificado que a este tipo de operación se la conozca en todas partes con un nombre español.

¿Qué es, en el sentido clásico, un *pronunciamiento*?: un grupo de conspiradores militares, que disponen en uno o varios puntos del país de fuerzas armadas y que cuentan con apoyos interiores y exteriores, sacan a las tropas de sus cuarteles, «se pronuncian» por medio de un manifiesto sobre la situación política, ocupan los lugares de decisión y de comunicación y, si el movimiento se extiende suficientemente, requieren al gobierno para que se retire, lo reemplazan y a veces cambian el régimen. Se ha podido sostener que hay diferencias de fondo entre los pronunciamientos del siglo XIX, que tienen un programa positivo (frecuentemente liberal, romántico, idealista), y los golpes de estado del siglo XX, simples precauciones contrarrevolucionarias, y es posible, en efecto, que haya matices a determinar.

Pero lo que nos interesa aquí, como factor de la *forma* (si no del fondo) del episodio que debemos estudiar, es el *hábito mental*, la *expectación*, el *anhelo* espontáneos, que impulsan a los militares a intervenir políticamente y a ciertos civiles a esperar su intervención. El hecho de que de cincuenta y dos intentonas de pronunciamiento solamente once hayan tenido éxito demuestra que el intervencionismo (cabría decir la «intervencionitis») de los militares es permanente siempre que se plantea un problema grave a la sociedad española; en el siglo XIX el de la *revolución política burguesa* (¿se llevará a cabo o no?), en el siglo XX el de la *revolución social*: ¿cómo impedirla?

En el intervalo, una pausa: ningún pronunciamiento entre 1886 y 1923. Y es que la Restauración ha encontrado una forma de parlamentarismo que facilita los compromisos entre grupos dirigentes y, por otra parte, que las crisis del momento son *de orden exterior*: revueltas coloniales, derrota ante los Estados Unidos; las agitaciones de los cuarteles se limitan entonces a querellas internas y a reacciones de amor propio ante las críticas civiles que han suscitado las derrotas.

Conviene, pues, no exagerar los contrastes entre pronunciamiento y golpes de estado en los siglos xix y xx. Hubo en el siglo xix más de un simple «golpe de estado» contrarrevolucionario y, en pleno siglo xx, a finales del año 30, jóvenes oficiales exaltados y aviadores impacientes se «pronunciaron», algo precozmente, por la República. Por el contrario, el «Movimiento» de 1936, si bien tiene causas sociales mucho más profundas, ha sido en verdad, en sus formas iniciales, el más clásico de los pronunciamientos: conspiración generalizada, iniciativa en los lugares más alejados y en las guarniciones provinciales, con previsión de una marcha sobre Madrid.

Por supuesto, el pronunciamiento no se concibe sino *en ejércitos de un cierto tipo*: el ejército español se ha forjado en las *guerras civiles* (guerras carlistas), y en las *guerras coloniales*. Aun en la actualidad, tiene más oficiales de los que exigiría un contingente normal, y más generales de los que justificarían los posibles conflictos.

Este «cuerpo», que el vocabulario corriente llama simplemente «el ejército» («el ejército quiere...», «el ejército cree...»), se recluta en un medio algo cerrado, no aristocrático o rico, sino más frecuentemente ligado a tradiciones familiares; la formación en escuelas especializadas de cadetes, la vida de guarnición y de círculos, refuerzan el espíritu de cuerpo; existen «dinastías»: el general Kindelán, colaborador de Mola contra los vascos en 1937, tenía un antepasado que reprimió ya las revueltas de Guipúzcoa... ¡en 1766!; un Milans del Bosch, que participará *en 1981*, en el último, hasta la fecha, de los *putschs* militares, desciende del Milans del Bosch que «se pronunció» con Lacy... ¡en 1817!

Eso sucedía, es cierto, contra el despotismo de Fernando VII. Pero la originalidad del hecho militar está menos en las opiniones sucesivas de los oficiales «sublevados» que en su convicción de que tienen una *misión política* que cumplir, un «deber de intervenir», que justifica el empleo del aparato militar al servicio de opiniones —y de ambiciones— personales de los oficiales. El tema del «honor del país» —*España con honra*—, el recuerdo de los «generales del pueblo», se asocian a las reacciones antiparlamentaristas, antipolíticas que reaparecen periódicamente: Unamuno, en virtud de su fórmula sobre la manera española de atemperar lo arbitrario, se equivocará fugazmente en 1936.

Quedan *los soldados*. Durante mucho tiempo, el reclutamiento por sorteo con «redención» o «reemplazo» hizo de la tropa un subproletariado pasivo. El servicio militar *para todos* fue uno de los grandes temas *sociales* de finales del siglo XIX en España. Desde que hubo reservistas, hubo indicios de insubordinación: fue una salida de reservistas hacia Marruecos, en 1909, lo que desencadenó la Semana Trágica de Barcelona. Entonces, en 1936, ¿cómo reaccionó «el reemplazo»? Habremos de preguntárnoslo.

Pero un hecho nuevo aparece en el siglo XX: las guerras de Marruecos han dado a los oficiales un instrumento muy apropiado, duro en el combate, obediente a las órdenes: la legión («el Tercio»), y las tropas «moras» («los regulares»). La *tradición* del pronunciamiento se completa con una *tentación*: la de la intervención rápida de un aparato represivo (como en Asturias) en el caso de que el levantamiento de las guarniciones no responda a lo esperado.

Tradición y *tentación* están presentes igualmente *en el lado revolucionario*. Existe *un imaginario de la revolución*. Los jóvenes de los barrios populares *saben* que en caso de exaltación popular contra los poderes, todo empieza por la quema de los conventos (del mismo modo que en Francia se construyen barricadas). Juan García Oliver, militante de la rama revolucionaria de la CNT («los Solidarios», «Nosotros», etc.) y futuro ministro de Justicia en los gobiernos de guerra, emplea dos imágenes para definir su táctica en tiempos de la República: la *gimnasia revolucionaria* (acciones colectivas de entrenamiento), y el *movimiento pendular*, que, pasando sin cesar del *putsch* militar al *putsch* revolucionario, hará posible un día un incidente decisivo. Esto llegó a suceder, pero fue tentar al diablo. Ciertamente, sin duda nunca como en 1936 se hubiera podido esperar lo que García Oliver llama «impulsos *revolucionarios* en la *combatividad latente*» de los trabajadores españoles. Pero la idea de que una combatividad espontánea sería suficiente para vencer a un ejército profesional, asistido por fuerzas internacionales, y al mismo tiempo para realizar una revolución social contra resistencias perfectamente previsibles, era peligrosa.

Y sin duda las escaramuzas previas reforzaron peligrosamente las *ilusiones* de los dos campos: por una parte se había vencido a Asturias en octubre de 1934, por otra se había hecho fracasar la «sanjurjada» (*putsch* de Sanjurjo, en agosto de 1932); el gobierno republicano, si no subestimaba la *probabilidad* de un pronunciamiento, sí subestimaba sus posibilidades de éxito; incluso los obreros de Sevilla creían que bastaría con declarar una huelga general, como en 1932: así se lo dijo uno de ellos a García Oliver.

Habrá que creer, pues, que en los estados mayores de una parte y en los medios revolucionarios de la otra se pensaba todavía demasiado *a la manera del siglo anterior*. En ciertos barcos, en 1936, los marineros plagiaron literalmente el modelo *Potemkin*. Pero se trata de un modelo de 1905. Finalmente aquellos que en la clase obrera se atrevían a pensar como si estuvieran en 1917 —la revolución rusa— o en 1918 —la revolución alemana— olvidaban que no se encontraban *al final* de una gran guerra internacional, sino en *la víspera* de otro conflicto, en una Europa *inquieta, pero no fatigada*. España, primer escenario de una lucha armada, de una guerra «moderna» ya, entre fascismo y antifascismo, iba a servir a la vez *de laboratorio y de espectáculo*, de *representación* de lo que otros iban a vivir.

LAS COYUNTURAS

La coyuntura económica. Uno se siente tentado de decir, ya que se trata de los años treinta, que la crisis económica mundial pudo tener su parte de responsabilidad en una crisis nacional cuyos fundamentos sociales aparecen como esenciales.

De hecho, no hay sincronía entre las dos crisis. La caída de la peseta comenzó bajo Primo de Rivera, y los dos primeros años de la República no son, coyunturalmente, años malos. España no está lo bastante industrializada, ni lo bastante ligada a los mercados exteriores como para reflejar sin matices la gran crisis. Para los productos de consumo popular el mercado interior es el dominante: las alzas de salarios y las esperanzas de los campesinos en 1931 y 1932 proporcionan al sector textil catalán la expansión del mercado que siempre había deseado; los consumos de energía, de papel, están igualmente en alza, y los precios no suben. No es hasta 1934, con las restricciones monetarias y la inversión de la política salarial, cuando las industrias de consumo ven restringir su clientela y se unen en la crisis a las industrias productoras de materias primas exportables, como el hierro de Bilbao. El paro industrial se añade así al paro campesino, y, en lugar de ver emigrar a los trabajadores más pobres, se ve cómo regresa de Europa un número no despreciable de solicitantes de empleo.

Las luchas campesinas que hemos evocado nos recuerdan también que España es todavía, de manera predominante, un *país agrícola*. Los años treinta, en este terreno, presentan una curiosa peripecia.

En 1931, la sequía determinó una pésima cosecha de grano, lo que no fue ajeno, sin duda, a las agitaciones andaluzas de abril a julio. El primero de los ministros de Agricultura de la República, Marcelino Domingo, creyó prudente, en vista de una difícil conexión con la cosecha de 1932, importar una cierta cantidad de trigo americano, a los bajísimos precios de la coyuntura mundial. Pues bien (¿hay que decir por desgracia?), la cosecha de trigo de 1932 fue la mejor en medio siglo. Los precios se hundieron y se acusó de ello a las importaciones. Marcelino Domingo fue denunciado como el enemigo número uno de los productores castellanos, más que nunca lanzados, por una violenta campaña, a la oposición antirrepublicana, antiindustrial, anticatalana.

Curioso efecto de una «buena cosecha» de la cual los responsables ministeriales hubieran querido con gusto atribuirse el mérito. Uno de ellos, más tarde, en el exilio, me dijo: «Yo he obtenido [*sic*] la mejor cosecha de trigo del siglo». ¡La «imputación a lo político» de los misterios de la meteorología es un factor singular en las luchas sociales!

La coyuntura internacional (en sentido amplio) tiene efectos más evidentes sobre la vela de armas de los primeros años treinta. Es paradójico que la constitución española de 1931 imitase la de Weimar en el momento en que ésta iba, a la vez, a abrir el camino y a ceder el puesto a la empresa hitleriana, y también que esta constitución «renunciara a la guerra» y se comprometiera a someter todos los conflictos a la Sociedad de Naciones, muy poco tiempo antes del fracaso de toda sanción eficaz contra la política africana de Mussolini.

La necesidad de poner en primer plano el «peligro fascista», noción siempre vacilante entre los anarcosindicalistas, se torna clara para los comunistas a partir de 1935, cuando Dimitrov lanza la consigna de «frentes populares».

¡Y el primer triunfo electoral de un «Frente Popular» es español! El acontecimiento (febrero de 1936) influye mucho sobre la campaña electoral francesa. La propaganda de derechas exagera desmesuradamente los desórdenes de la España del «Frente crapular». Y los relatos de esos desórdenes en las Cortes españolas frecuentemente tienen como fuente... ¡la prensa francesa! Yo he visto fotos de iglesias incendiadas en 1909 reproducidas en diarios de Burdeos como documentos de actualidad. En junio, las ventajas sociales obtenidas en Francia por las ocupaciones de fábricas alentaron a los obreros y espantaron a los patronos españoles.

En la extrema derecha la tentación fascista se iba definiendo: en octubre de 1933, José Antonio Primo de Rivera, hijo del dictador, había fundado Falange Española, y se había unido, a principios de 1934, a las *Juntas de Ofensiva Nacional Sindicalista* creadas en 1931 en Valladolid. Antimarxismo, anticapitalismo, antiliberalismo: las referencias son claras. El «estilo de vida» y el pasado español juegan el papel de la «raza» para Alemania, de «l'Impero» para Italia. Eventualmente, se cuenta con la ayuda de Berlín y de Roma. Desde marzo de 1934, grupos españoles de derecha obtienen promesas y algunas modestas ayudas de Mussolini.

Como el gobierno del Frente Popular español no podía razonablemente dudar de la ayuda de París en caso de peligro fascista, la coyuntura internacional no predisponía a desactivar el conflicto. Incitaba el *espíritu ofensivo* de los unos, el *sentimiento de seguridad* de los otros.

La coyuntura interior inmediata. A finales de 1935, cuando habían sido convocadas las elecciones legislativas, Gil Robles, menos seguro de su éxito de lo que fingía estarlo, había pensado ya en una solución militar. Franco se escabulló. Las elecciones se celebraron.

Por segunda vez en la historia de la República, una ley favorable a fuertes mayorías parlamentarias dio una representación masiva a una débil mayoría electoral. La del Frente Popular. Ni su programa, ni el gobierno moderado que se formó eran inquietantes. Pero la opinión vivía bajo una gran tensión. Los vencidos de 1934 (obreros asturianos, gobierno catalán) habían sido rehabilitados. Gil Robles, que había prometido 300 escaños para la CEDA, y que tenía sólo 88, perdía su influencia ante Calvo Sotelo, líder más radical, antiguo ministro de Hacienda de Primo de Rivera. Desde los resultados de las elecciones, los generales que actuarán en julio de 1936 tuvieron en mente la «proclamación del estado de guerra». Sin embargo, el traspaso de poderes fue normal. Pero Azaña, convertido en presidente de la República por destitución de Alcalá Zamora, perdió los verdaderos resortes del poder al pasar la Presidencia del Consejo a Casares Quiroga, personaje a veces provocativo por su falta de habilidad, a veces ciego por su timidez.

Los verdaderos problemas se planteaban en las calles de las ciudades y en el campo. ¿Cuál fue la amplitud exacta de los «desórdenes» de febrero-julio de 1936, *justificación*, *explicación* o *pretexto* (según los autores) del golpe de estado de julio?

Hay que distinguir entre lugares y tipos de conflictos: se ha hablado de «oasis» en el País Vasco y en Cataluña; y es exacto que en Barcelona la vida era normal y más alegre que antes de febrero. También lo es que todo el sur conoció «desórdenes agrarios». Pero el embajador norteamericano Bowers, que viajó por Andalucía, se indignó ante las descripciones apocalípticas que se habían hecho. Es verdad que hubo «repartos de tierras» espontáneos, que el Instituto de Reforma Agraria confirmó. ¿Cuántos? Más de los que se habían hecho desde 1900. Muy pocos frente a las promesas de la reforma. Suficientes, por supuesto, para hacer de los propietarios oponentes dispuestos a todo.

Signos más inquietantes: se atacó centros católicos, iglesias, y, sobre todo en Madrid, se practicó el atentado

individual, predicado por la Falange, en tanto que las
«juventudes» comunistas y socialistas, cuya fusión causó
gran impresión, se organizaban militarmente. Los incidentes
causaron víctimas. Sus funerales provocaron otros incidentes. Los oficiales de las fuerzas del orden que proclamaban
su convicción republicana fueron los blancos preferidos de
los atentados falangistas. El 12 de julio, el teniente de
Guardias de Asalto Castillo fue asesinado; por la noche un
grupo de sus camaradas asesinó a Calvo Sotelo.

No veamos en este hecho, como se hace frecuentemente,
la «causa» del levantamiento militar, ni siquiera la de su
desencadenamiento. Todo estaba preparado para ello. Nadie lo ignoraba. Sólo el presidente del consejo fingía indiferencia ante los periodistas: «¡Conque ustedes me asegu-
ran que se van a levantar los militares! Muy bien, señores.
Que se levanten. Yo, en cambio, me voy a acostar».

Ni la tentación —permanente— del golpe de estado,
ni la debilidad del poder eran en España cosas nuevas. El
peligro de *guerra civil* radicaba en la falta de reconocimiento de fuerzas sociales dotadas de capacidades inesperadas.

Capítulo II

EL ACONTECIMIENTO
Y LAS FUERZAS EN PRESENCIA

EL PRONUNCIAMIENTO. RASGOS CLÁSICOS
Y ASPECTOS NUEVOS

Un pronunciamiento clásico

Oficialmente la España de Franco ha negado siempre que debiese sus orígenes a un pronunciamiento. Los atribuye a un *Movimiento* («el glorioso Movimiento») profundamente «nacional». Es verdad que se apoyó (como por otra parte más de un pronunciamiento del siglo XIX) en importantes fuerzas políticas y sociales. Sin embargo, se trata, ante todo, de una *conspiración militar*.

Su jefe debía ser el general Sanjurjo, «héroe del Rif», jefe de la Guardia Civil en 1931 y que, como tal, al no garantizar ya la seguridad del rey, había determinado la proclamación de la República. Pero se sabía también que había intentado, en agosto de 1932, un *putsch* antirrepublicano, aplastado en Sevilla y en Madrid. Condenado, indultado, exiliado, mantenía desde Lisboa continuos contactos con los oficiales conspiradores españoles, que ya le trataban como jefe del Estado. Pero al tercer día del «Movimiento», cuando abandonó Lisboa para ponerse a su cabeza, pereció en un accidente al despegar su avión.

En España el hombre clave del complot era el general Mola, ex jefe de los servicios de policía bajo la monarquía, relegado a Pamplona, pequeña guarnición, pero casi la única en donde una sublevación militar podía encontrar apoyo en la calle. Firmaba «el director» en las circulares que daban las consignas para el día en que lanzara la señal del «Movimiento». Las difundía a través de la UME (*Unión Militar Española*), asociación de oficiales de grado medio y de reservistas, menos numerosa de lo que se dice a veces, pero sometida a sus miembros más decididos. Varios meses antes de julio de 1936 Mola llevó a cabo negociaciones estrechas, frecuentemente difíciles, con los carlistas, los tradicionalistas, los falangistas en Madrid, Lisboa, San Juan de Luz, e incluso con José Antonio Primo de Rivera, encarcelado entonces en Alicante.

Otros dos generales parecen destinados a representar un papel principal, ambos «marroquíes», los dos organizadores de la represión de Asturias, Francisco Franco y Manuel Goded. Se les sabe «peligrosos». Se les ha «exiliado», uno a Canarias, otro a Baleares, olvidando que se está en la era del teléfono y del avión. Abandonarán sus islas dominadas por una red de fuerzas prevista de antemano para alcanzar su puesto de mando: Franco en Marruecos, donde se pondrá a la cabeza de las tropas de intervención, que conoce bien; Goded irá a Valencia o a Barcelona.

El «Movimiento» parte de Marruecos el *17 de julio*, horas antes de lo previsto (al ser denunciados algunos de los responsables). Todo ha sido dispuesto en el curso de unas maniobras recientes. Los dos generales de más alta graduación no forman parte del complot: son arrestados. Se prevén resistencias civiles, pero poco armadas; son barridas por la Legión. Se ocupan edificios militares y civiles, sucesivamente, en Melilla, Ceuta, Tetuán, Larache. Los únicos que resisten son los aviadores del aeródromo de Tetuán. El alto comisario civil, Álvarez Buylla, arrestado en su domicilio, será ejecutado algunos días más tarde, así como los oficiales que han rehusado unirse al «Movimiento».

El *18 de julio* será celebrado durante cuarenta años como la fecha del «Movimiento». Ese día, en Canarias, Franco proclamó «el estado de guerra», felicitó a los rebeldes de Marruecos, lanzó un manifiesto, subió a un avión alquilado desde hacía mucho tiempo en Inglaterra y pasó la noche en Casablanca. Su mensaje fue interceptado. El día no fue decisivo.

El día sólo fue agitado en Andalucía. Se conoce el golpe de audacia de Queipo de Llano, entonces general de los carabineros, el cual, de «inspección» en Sevilla, consigue, casi él solo, encerrar a los principales oficiales de la guarnición y ocupar con sus escasas tropas los puestos de mando de la ciudad. Pero los barrios populares inician la insurrección.

En las otras ciudades andaluzas (Algeciras, La Línea, Jerez, Cádiz, Córdoba, Granada y Málaga) se proclama el estado de guerra. En Huelva y Jaén, las fuerzas gubernamentales y populares controlan la situación. En otros lugares, han resistido más o menos según la actitud de los guardias de asalto y de los gobernadores civiles. Cabeza de puente para toda operación procedente de Marruecos, Andalucía plantea un problema fundamental. No estuvo resuelto antes del 19 de julio.

En Castilla y *en Aragón*, es realmente el 18 de julio, pero ya por la noche, cuando las grandes plazas «se pronuncian». En Burgos y Valladolid, los generales fieles al gobierno nombrados recientemente son destituidos, detenidos y reemplazados. En Valladolid hay un incidente sangriento y revuelta popular. En Zaragoza, el general Cabanellas, republicano y masón, espera la noche, ocupa la calle con la artillería y arresta a 350 responsables políticos y sindicales; proclama «el estado de guerra», el 19 por la mañana, en un texto en el que recuerda su fidelidad a la República. Pero ya ha hecho encarcelar al general Núñez del Prado, enviado *in extremis* de Madrid, y ha dicho «no» a una propuesta telefónica de compromiso hecha por Martínez Barrio, presidente de un gabinete efímero. *En Pamplona*, Mola, que había dado la misma respuesta, no se «pronunció» tampoco hasta el 19 por la mañana; pero controla realmente su guarnición gracias a la afluencia de carlistas y a la muerte de su único oponente, el jefe local de la Guardia Civil, asesinado de un pistoletazo en el umbral de su cuartel.

El 19 de julio es el día decisivo. En *Cádiz*, un «tabor» marroquí, desembarcado, domina el Gobierno Civil. En *Sevilla*, algunos legionarios aerotransportados, paseados espectacularmente por las calles, refuerzan la impresión de ocupación de la ciudad. Algeciras, La Línea, Jerez, son dominadas. Córdoba también, pero puede creerse sitiada. En Granada, gobierno militar y gobierno civil quedan frente a frente. Pero Almería sigue siendo republicana y, en

Málaga, el comandante de la plaza ha entregado la ciudad a las fuerzas de policía, que dejan que se desencadene una explosión de venganzas populares, digna de las revueltas del «antiguo régimen». Pero a pesar de todo, *la cabeza de puente andaluza existe*. Mas, aquel día, la atención se dirige sobre todo hacia Barcelona y Madrid, y los pronósticos son diferentes para cada una de las dos grandes ciudades.

En Madrid, el «Movimiento» no está seguro de ganar. Es la sede del poder, muchos oficiales son republicanos, la superioridad de la UGT sobre la CNT puede incitar a armar a los obreros. La táctica de los sublevados será, pues, defensiva. Se harán fuertes en los cuarteles. Se cuenta con la acción de lo que Mola llamará más tarde su *quinta columna*, acción abierta o secreta de civiles favorables al «Movimiento». Otras cuatro «columnas», a partir de provincias sublevadas, habrán de converger sobre Madrid. Ésa es, todavía, una imagen del siglo XIX.

En Barcelona, el pronóstico es mejor para los militares. La imagen que se conserva es la del 6 de octubre de 1934. Se duda que la Generalitat controle las fuerzas del orden, y más aún que se atreva a aceptar la ayuda de la CNT. Se considera a ésta poco armada, mal organizada. Se desprecian eventuales *escamots* (grupos armados) catalanistas. La táctica de los militares será, pues, ofensiva: saldrán de los cuarteles periféricos y convergirán sobre la ciudad vieja, sede de los centros oficiales catalanes, que se suponen mal defendidos.

El plan se aplica el 19 de julio, de madrugada. Pero aparece la sorpresa. En el gobierno catalán los recuerdos del 6 de octubre han jugado en el otro sentido. Ha dotado de mandos seguros a sus unidades de policía. Se ha evitado, esta vez, dar de lado a la CNT; sin alianza formal ni distribución oficial de armas, ha cerrado los ojos ante las incursiones en algunos depósitos. El grupo anarquista dirigente —Durruti, García Oliver, Francisco Ascaso— estudia desde hace unos meses el plano de la ciudad, los accesos a los barrios obreros, la desembocadura de las Ramblas sobre el puerto. Cuando los regimientos salen de los cuarteles, las sirenas de las fábricas hacen las veces del viejo toque a rebato.

En todas las vías de convergencia previstas las fuerzas insurgentes se tropiezan entonces con elementos hostiles, desde el tiro aislado, hasta las barricadas populares y los cordones de ametralladoras de los guardias de asalto. Se asombran; creían que sería un paseo. Las armas pesadas estaban todavía cargadas en los caballos, que se enloquecen. Aunque ya cercanos a las plazas del centro (Universidad, plaza de Cataluña), y a pesar de las pérdidas infligidas a los combatientes populares inexpertos, los regimientos sublevados quedan en mala posición; y los soldados, a los que no se había advertido del sentido de la operación, están a punto de dispersarse. Se adopta entonces la táctica defensiva: encerrarse en los edificios (Hotel Colón, Círculo Militar). Hacia el mediodía se da el viraje; un batallón de guardias civiles pasa de la expectativa a la ofensiva; los edificios ocupados de la plaza de Cataluña son dominados.

A media mañana el general Goded llega de Mallorca en avión y toma el mando de las tropas sublevadas, cosa que había rehusado hacer el capitán general en plaza. Pero Capitanía está prácticamente sitiada; sólo se reciben allí noticias desalentadoras, y finalmente es tomada por asalto. Goded acepta rendirse al presidente Companys en los términos que éste había empleado en la mañana del 7 de octubre de 1934; reconociéndose vencido y prisionero, liberaba de toda obligación a los que habían prometido seguirle. Algunos cuarteles resisten todavía. Caerán al día siguiente. Francisco Ascaso muere delante de uno de ellos. Durante mucho tiempo se depositarán flores en el lugar de su muerte.

El 20 de julio forma parte todavía de la fase del pronunciamiento en el sentido de que en muchos puntos no se sabe todavía quién ganará, si los poderes constituidos o los militares sublevados, frecuentemente vacilantes o divididos.

En Madrid, el gabinete Giral, formado la víspera, y todavía republicano moderado, decide, sin embargo, licenciar a los soldados y «armar al pueblo». Pero muchos de los que hubieran querido «armarse», no han tocado jamás un arma. Y de 55.000 fusiles distribuidos, 45.000 tienen sus cerrojos almacenados en el cuartel de la Montaña (vieja precaución contra los motines). En este cuartel madrileño, céntrico, en posición dominante, que cuenta con muchos oficiales y en donde se habían concentrado los falangistas, el general Fanjul, responsable del «Movimiento» en Madrid, proclama su manifiesto, de tono muy duro. ¿Piensa intentar salidas?, ¿recibir ayudas de otros cuarteles? Muy pronto se ve claro que está asediado, reducido a la defensiva.

Una multitud inmensa, anónima «como una granizada» (Camilo J. Cela), rodea el cuartel. Dos cañones, uno del 155 y otro del 75, entran en acción; es más eficaz la aviación, fiel al gobierno, que lanza bombas sobre el cuartel, pero también octavillas, invitando a los soldados a volver a sus casas. La desmoralización alcanza entonces a la tropa, a pesar de las precauciones tomadas contra los «instigadores», verdaderos o supuestos. Aparecen banderas blancas en las ventanas, rápidamente sustituidas por ametralladoras, porque los sitiados están divididos. Finalmente llega el ataque, en el que el armamento de los guardias de asalto y de los guardias civiles compensa la inferioridad de los tiradores improvisados. La rendición, en el desorden, origina muchas víctimas un poco al azar. Pero el pánico es tal que los cuarteles de las afueras son sometidos fácilmente.

En los dos campos se pasa del optimismo al pesimismo, según el momento, porque la información es caótica. Sin embargo, algunas columnas armadas procedentes de Madrid pueden recuperar el control de las ciudades vecinas «sublevadas» —Alcalá, Guadalajara, Toledo—, en las que los militares han de resignarse a su vez a transformar sus cuarteles en fortalezas.

En el resto de España existe la misma variedad de casos. *En San Sebastián* cunde la disidencia en la guarnición, pero los grupos «sublevados» (militares y civiles) pronto son cercados... en un hotel, el María Cristina. *En Oviedo*, el coronel Aranda, que finge fidelidad a la República, arma una columna de mineros y la envía en socorro de Madrid mientras él transforma Oviedo en ciudad asediada al servicio del «Movimiento» militar.

Sin embargo, *dos resultados masivos* y contradictorios se dibujaron en la tarde del 20 de julio: *Galicia*, tras dudar entre los dos campos, parece claramente dominada por los militares; mientras que la zona este, desde el Ebro hasta Málaga pasando por el País Valenciano, bajo el impacto del desenlace de Barcelona, se somete al gobierno. En todas partes subsisten resistencias internas, pero bajo dos formas: donde el «Movimiento» ha triunfado, motines urbanos, a veces «guerrillas», afrontan represiones sin piedad (como en Sevilla), pero son reducidas rápidamente o dispersadas. Por el contrario, los núcleos militares asediados, como Oviedo o el Alcázar de Toledo, podrán esperar, durante meses a veces, la victoria de su campo.

Rasgos inesperados: un tipo de enfrentamiento nuevo

El mecanismo del «Movimiento» ha sido, pues, clásico. Lo nuevo es que el pronunciamiento ha tenido lugar después de una politización de masas que no había tenido jamás equivalente, ni en 1868. Las tres sorpresas electorales de 1931, 1933, 1936, debido a sus contradicciones, han dejado la impresión de que las elecciones, e incluso una crisis ministerial (1934), pueden *amenazar viejos intereses* o *comprometer jóvenes esperanzas.* Unos acusan, pues, al parlamentarismo de abrir la vía a la revolución, otros de que la cierra. Sin embargo, no olvidemos que un sector de opinión, que no aprobó las veleidades revolucionarias de 1934, no quiere renunciar tampoco a las posibilidades de la democracia y no puede desear una experiencia autoritaria, que tiene muchas probabilidades de combinar las características de la *España negra* con las del *fascismo* europeo. El pronunciamiento provoca, pues, *choques de naturaleza y de intensidad inesperadas.*

a) *En el ejército mismo,* los oficiales están divididos y los soldados son conscientes. Se ha podido observar que la historiografía de después de la guerra, en los dos campos, ha tenido tendencia a sobrestimar la unanimidad del ejército, por un lado para exaltar su papel, por otro para magnificar el impulso popular. Pero, si conviene corregir este defecto, es absurdo hacerlo partiendo de la lista de los efectivos y de los oficiales el 17 de julio de 1936 para preguntarse qué queda de esa lista el día 21, en cada una de las «zonas» cualquiera que sea el nombre que se les dé: *roja, republicana* o *gubernamental, nacional, nacionalista* o *sublevada.*

Un azar estadístico hace casi cómica una división mitad por mitad de estimaciones de este tipo.* En el momento en que, en un lado, se cuenta sobre todo con las tropas marroquíes y con los voluntarios carlistas y falangistas, y en el otro con la constitución de milicias populares, hablar de «lo que queda» a un lado y a otro del ejército regular es un recurso convencional a lo «cuantitativo». Se puede considerar, pero quedan muchos análisis por hacer.

1. *Entre los oficiales, los generales*, hombres mayores, en los que han podido jugar los escrúpulos de prudencia o disciplina, se dividieron más de lo que se ha creído; 22 generales quedaron *en servicio* en zona republicana, 17 solamente en zona sublevada, pero 21 generales fueron ejecutados en la primera, ocho en la segunda, incluidos los juicios de después de la guerra. De todas maneras eso pone en entredicho especialmente toda impresión «de unanimidad». Para los oficiales *superiores y subalternos*, las cifras son menos claras; se precisaría un estudio por generaciones, puesto que, como es normal, es entre los oficiales jóvenes en donde las preferencias políticas fueron más apasionadas, incluso en una pequeña minoría «antifascista» (republica-

* Ejemplos: «efectivos disponibles»: zona republicana 46.188, zona nacionalista 44.026; unidades de la Guardia Civil: zona republicana 108, zona nacionalista 109; regimientos de carabineros: zona republicana 54, zona nacional 55. Cuerpos de oficiales: quedaron en zona republicana 49,69 % (contra 50,31 %).

na, socialista, comunista), agrupada en la UMRA (Unión Militar Republicana Antifascista). Esta minoría es más fuerte en los cuerpos especializados: la aviación, por ejemplo, cuenta con 35 por ciento de oficiales republicanos, que asegura al gobierno el 80 por ciento de los aparatos. En la marina, en la que los jóvenes mandos están más comprometidos «con la derecha», los oficiales técnicos resisten al «Movimiento».

2. *¿Los suboficiales y los soldados* plantearon problemas al pronunciamiento? En el siglo XIX los suboficiales habían jugado frecuentemente un papel (liberal) en estos pronunciamientos, pero los soldados permanecían en la pasividad. En 1936, recordemos que la igualdad ante el servicio no era todavía absoluta; los jóvenes acomodados, los estudiantes, tenían un estatuto especial (ni recluta ordinaria, ni oficiales de reserva); estos «soldados de cuota» frecuentemente eran sensibles a la propaganda falangista; el 20 de julio, aseguraron el paso en bloque a los rebeldes de los cuerpos de transmisiones de El Pardo, cerca de Madrid. En cuanto a los simples soldados de origen popular, que no eran ya el subproletariado casi mercenario de antaño, el «Movimiento» no trató de justificarse ante ellos. Las órdenes llegaron en el último momento y se les ocultó su sentido real (no se estaba todavía en la era del transistor individual). Si hay reacción eficaz de las autoridades y de las masas (Barcelona, Madrid), los soldados abandonan a sus jefes. Si éstos se imponen rápidamente, se ven pocos casos de resistencia en la base.

Disponemos de las notables memorias de un soldado catalán, campesino acomodado, en la guarnición de Melilla el 17 de julio; los preparativos de la sublevación no le han pasado por alto, pero no ha visto más que «embrollos político-militares» poco comprensibles; su regimiento, que contaba con muchos catalanes y españoles de Marruecos, está bien visto por la población, mal visto por los cuerpos coloniales (Legión y Regulares); numerosos catalanes fueron enviados de permiso, voluntariamente parece, en la víspera del «golpe», ¡de forma que no hicieron la guerra en el mismo campo que sus camaradas! Éstos serán utilizados con mucha prudencia en la represión urbana; pero se les asocia a la ejecución de varios oficiales «leales» (aquellos a los que apreciaban más); han quedado trastornados, pero por eso han estado más sometidos, sin duda. No se les enviará sino tardíamente al frente peninsular, donde se resignarán (no todos, puesto que hay deserciones) a la vida de soldado medio, con los peligros del frente y las pequeñas alegrías de la retaguardia.

De momento lo que este testigo, de un egoísmo ingenuo, ha comprendido peor es el bombardeo de Melilla —cuya población civil había resistido— por parte del acorazado *Jaime I*, que permaneció fiel a los republicanos. Y es que los marineros, en la mayor parte de la flota, en escenas dignas del *Potemkin*, se habían negado a obedecer a sus oficiales «sublevados» y les habían dado muerte, echando sus cadáveres al mar *con una respetuosa solemnidad* (según decían las instrucciones ministeriales). Pero, en El Ferrol, los marineros no consiguieron sus propósitos y fueron colgados de las vergas. Tales violencias iluminan una dramática realidad: el «Movimiento» se enfrentó a condiciones, a fuerzas y a conciencias nuevas.

En las organizaciones políticas y sociales y en la población la resistencia ha estado presente en todas partes. Esto, ciertamente, no es una novedad. En 1843, en 1854-1856,

las «bullangas», en Barcelona, y las «milicias» en Madrid
—guardia burguesa o espontaneidad revolucionaria— habían alternado u opuesto sus acciones a las iniciativas reac-
cionarias de las fuerzas armadas. En 1856, un torero madrileño inventó —es Marx quien lo dice— la «guerrilla
urbana».

En 1936, estas resistencias son esperadas. Tan esperadas que en Sevilla la represión es feroz y en Zaragoza es
preventiva. Pero en Madrid y en Barcelona, en donde los
poderes, de mejor o peor grado, aceptan la alianza y arman
al pueblo, *el nivel de la resistencia de la masa* puede ser
considerado como un *factor nuevo*. Los anarquistas barceloneses hablarán del *triunfo de la indisciplina*. No enten-
damos «de la improvisación». Se preparaban desde hacía
meses. En Oviedo, la salida hacia Madrid de una columna
de mineros fue un error táctico, pero demostró la capacidad movilizadora de los obreros. Enrique Líster, responsable en 1936 de la propaganda comunista antimilitarista
en los cuarteles, le atribuye una cierta eficacia, pero considera limitada (sintiéndolo) la importancia de las MAOC
(Milicias Antifascistas Obreras Campesinas), que, sin embargo, se entrenaban en el Madrid del Frente Popular. Si
se repara en que carlistas y falangistas no estaban menos
militarizados, se puede pensar que el pronunciamiento tenía pocas probabilidades de quedar como cosa de los estados mayores. El tono de las proclamas, por otra parte, hacía
prever una dictadura totalmente distinta de la casi paternalista de Primo de Rivera en 1923. Nadie excluía la violencia. ¿Pero quién preveía una guerra de tres años?

Un último punto. En la Europa de 1936 se emplearon
con frecuencia las palabras *agresión contra España*, sea del
fascismo, sea del *comunismo*. Es que la guerra española

tomó un cariz internacional. No concluyamos de ello que fue «desencadenada desde el exterior».

El plan revolucionario atribuido a la Tercera Internacional, fabricado e invocado muchas veces para justificar el «Movimiento», es *una burda falsificación*. En la derecha, hombres como Ángel Herrera y Gil Robles visitaron Alemania y desearon entrevistarse con Hitler; pero éste sólo recibió (durante algunos instantes) a José Antonio, quien obtuvo tan sólo modestas ayudas de Mussolini. Lo que existía en Marruecos y en España eran fuertes organizaciones hitlerianas locales entre los residentes alemanes. En algunos casos Alemania seducía a diversos niveles diplomáticos con la posibilidad de intercambios ventajosos (comprendidas las armas). Pero no parece que Hitler haya tomado muy en serio una hipótesis fascista española. Reaccionará rápidamente, pero ante el hecho consumado.

Admitamos que *la violencia interna de las luchas de clase*, que hemos subrayado, y los *hábitos españoles* (no digo el «temperamento») en el tratamiento de los choques políticos bastan ampliamente para explicar el *desencadenamiento* del conflicto. En cuanto a su desarrollo y su amplitud, no operan necesariamente los mismos mecanismos.

La partición inicial del territorio: lógicas y azares

Si, después de los *tres días de julio* * (18, 19 y 20), se puede considerar como cerrada la fase de pronunciamiento,

---

* *Tres días de julio*, de Luis Romero, es el primer relato (novelado, no hay que considerar establecidos desde el 21 «frentes» que separan territorios distintos. Las «dos Españas», que se van a enfrentar como dos «estados» (a pesar de la incertidumbre, en los dos campos, de esta noción), ¿corresponden a «dos Españas» social, política, moralmente divorciadas? Es evidente que no, puesto que las líneas de partición pasan por lo más profundo de las estructuras de la sociedad. Sin embargo, hemos mencionado la fuerza de las originalidades regionales. Nos podemos preguntar en qué medida la división territorial de julio de 1936 tradujo las *probabilidades de éxito*, aquí o allá, tanto de una «España negra», como de una «España roja».

A veces se ha comparado esta división con el *mapa electoral* de febrero, y es verdad que las zonas que permanecieron bajo control gubernamental al inicio del pronunciamiento corresponden, *grosso modo*, a las regiones en donde había triunfado el Frente Popular: Cataluña entera, Levante, el sur andaluz y, aisladas de este conjunto, el norte de la Asturias revolucionaria y del Euskadi nacionalista, que se unían por encima de la Cantabria más conservadora de Santander. A la inversa, la masa territorial rápidamente conquistada para el golpe de estado es, en efecto, Castilla la Vieja (Valladolid, Burgos), que se une a Salamanca al sudoeste, a León al norte, a Navarra al nordeste.

Pero esta aproximada lógica mayoritaria se matiza con acontecimientos menos esperados. ¿Por qué triunfó finalmente el «Movimiento» en una Galicia republicana y autonomista? ¿Por qué los republicanos de Menorca vencen

---

pero matizado y evocador) que consiguió aparecer en las librerías durante el período franquista.

al general Bosch, cuando Mallorca cede fácilmente ante Goded? ¿Por qué Extremadura ha quedado dividida en dos, quedando Badajoz con la República y Cáceres con el «Movimiento»? El factor «azar» ha tenido mucho que ver.

Más sorprendentes son la caída de Zaragoza, ciudad de huelgas, sede de los órganos centrales de la CNT, y la inútil resistencia de Sevilla, Córdoba, Granada. Se trata, de hecho, de *victorias de las guarniciones sobre las ciudades*, quedando en la incertidumbre las zonas rurales que las rodean. El mapa, a finales de julio, presenta así una línea de partición (no un «frente») *poco alejada de las ciudades* (Cáceres, Ávila, Segovia, Teruel, Zaragoza, Huesca), lo que sugiere que las guarniciones fueron *poco capaces de ocupar el terreno rural*; y así Albacete pudo ser recuperada por los gubernamentales, y los pueblos aragoneses al este de Zaragoza cambiaron varias veces de manos.

Quedan algunas *lógicas topográficas*: Madrid está protegido, ante Castilla la Vieja, por las crestas y los puertos del Guadarrama, que las pequeñas operaciones lanzadas por una parte y por otra, valientes y costosas, no pudieron franquear. El norte vasco-asturiano está protegido al sur por la cadena cantábrica. Estos frentes «naturales» determinarán amplias zonas de estabilidad.

En realidad, la primera *fuerza* capaz de modificar las bases obtenidas en julio por el pronunciamiento es *el ejército de Marruecos* (el ejército *profesional*). El gran problema es el del *transporte* de esta fuerza de intervención. Incluso el asalto de los navarros contra Irún, en la frontera francesa, deberá esperar, para triunfar, un refuerzo de la Legión.

Ventajas y desventajas de cada campo

Es clásico preguntarse: en el momento de la partición inicial del territorio español entre dos campos opuestos, ¿qué *espacio*, qué *población*, qué *recursos* fueron a parar a uno u otro campo? Determinemos, a título indicativo, algunas magnitudes aproximadas sin hacernos ilusiones en cuanto a su significado, tanto por la anormalidad de las condiciones de *vida* y de *trabajo*, como por la rapidez con que se modificaron.

Materialmente, el gobierno legal dispone de 21 capitales de provincia contra 29 de los sublevados; de 270.000 km² contra 230.000; de 14 millones de habitantes contra 10,5. Las zonas industriales y la mayor parte de los recursos mineros están en la zona gubernamental, que no ha quedado desprovista de recursos agrícolas (viñas, agrios, arroz), pero las grandes regiones cerealistas quedan en la zona sublevada. Sin embargo, sólo en la segunda mitad de la guerra la relación global producción alimenticia/población llegará a ser catastrófica para el campo republicano.

Desde el punto de vista de la Hacienda, el gobierno dispone de los recursos del Estado, principalmente del oro del Banco de España. Podrá comprar armas. El «Movimiento», por su parte, encuentra grandes facilidades en los medios económicos internacionales (principalmente petroleros). La ayuda que al principio le ofreció Juan March, financiero a quien la República de 1931 había perseguido por tráfico sospechoso, es suficientemente conocida.

Militarmente de nada sirve, ya lo hemos dicho, cifrar las «unidades». El problema es: *¿quién dispone de un instrumento eficaz?*

No hay que subestimar, por parte republicana, la presencia de una *pequeña élite de militares* en la cúpula. Pero *a nivel medio*, de unos 16.000 españoles que tienen grado de oficiales, el gobierno sólo pudo utilizar entre 2.000 y 3.000. Su gran problema fue *la organización de mandos intermedios*; en el ejército sublevado, el problema no se planteaba en los cuerpos coloniales; más tarde, cuando haga falta pensar en los reservistas, el *alférez provisional* será exaltado como un héroe típico; en el campo republicano, el joven burgués acomodado e instruido es demasiado poco fiable políticamente para ofrecer la misma imagen; hay algunos casos que ascienden rápidamente de graduación, pero el oficial popular de grado medio sólo se formará con el tiempo.

En relación al armamento, el reparto inicial no es desfavorable para el gobierno, al menos en apariencia; una buena parte de las armas habituales, tres cuartas partes de las unidades de marina, las cuatro quintas partes de los aparatos aéreos. Se comprende que una historiografía reciente (orientada) combata la imagen que dominó, en 1936, en la opinión democrática mundial: la de un pueblo «desarmado», fuerte sólo por su entusiasmo, contra una minoría militar poderosamente dotada. Uno puede preguntarse con razón si esta *imagen* no era, en realidad, más real que las cifras. Soldados improvisados, mandos inexpertos o sospechosos, material anticuado, marina sin oficiales, aviación fiel pero mal equipada, ¿son una «fuerza»?

El autor de *Los datos exactos de la guerra civil*, que otorga una «superioridad aplastante» a los leales y «posibilidades prácticamente nulas» [*sic*] para el «Movimiento», lo hace bajo la forma siguiente:

> En definitiva, el 21 de julio, se produjo un cierto equilibrio de fuerzas potenciales, favorable al gobierno de la Península, y que sólo podría ser roto por la intervención del ejército de África en la Península, ventaja compensada por la superioridad aérea y naval del bando gubernamental que anulaba aquella fuerza potencial al retenerla inmovilizada e impotente en sus bases africanas o extrapeninsulares.

¿Cuadro exacto? Teóricamente, y para el 21 de julio. Sin embargo, desde el 19 intervinieron elementos marroquíes (Sevilla, Cádiz); el 25 pasa un pequeño convoy; un «puente aéreo» funciona el 29; el 2 de agosto, dos formaciones marroquíes salen de Sevilla en dirección al norte; el 5, el «convoy de la victoria» (2.500 hombres) atraviesa el Estrecho.

La «superioridad aplastante» ha sido rápidamente anulada. ¿Incapacidad del gobierno republicano para explotar esta «superioridad»? Sin duda. ¿Abnegación excepcional de la minoría de aviadores pasados al «Movimiento»? Pudo jugar su papel. Pero también —y es tan caricaturesco negarlo como ponerlo en primer plano— *intervención exterior* rápida, eficaz, a favor del «Movimiento».

Internacionalmente, en efecto, los dos campos no están en pie de igualdad. En principio, la legalidad democrática del gobierno debiera valerle ayuda y asistencia, al menos de Francia e Inglaterra. Pero es en este punto donde juega la *reacción de clase* en los cuerpos dirigentes de los Estados parlamentarios (incluyendo a los del Frente Popular en Francia), que les hace admitir espontáneamente que: 1) un gobierno privado del apoyo de las clases superiores de su país y de su ejército no tiene ninguna probabilidad de supervivencia; 2) la victoria popular lleva a la revolución social, cosa que es peor que el fascismo; 3) hay que evitar que el «avispero español» proporcione a los dos dictadores europeos nuevos pretextos para lanzar amenazas. Es el lenguaje del gobierno inglés ante el gobierno francés, el lenguaje que Herriot y Delbos usan con Léon Blum y Pierre Cot, que Cordell Hull emplea con el embajador Bowers, ferviente amigo de la República española. El cuadro que ha trazado Bowers del cuerpo diplomático acreditado ante la República, pero prudentemente refugiado en Hendaya o San Juan de Luz, es edificante: el mundo diplomático (he tenido la ocasión de comprobarlo) tomó partido, salvo excepciones apasionadas, por el «Movimiento». La información de los gobiernos se ha resentido de ello. En París, órdenes vacilantes, ejecutantes divididos, obstaculizan la entrega de armas a un gobierno ¡que las había encargado en tiempos de Gil Robles! Se sabe que se propuso una «no intervención». Ya hablaremos de ello. Quedaba por organizar.

Lo peor, para el gobierno español, fue *la deserción masiva de sus diplomáticos en activo*. Los de la embajada de París, antes de dimitir, retardaron sistemáticamente toda entrega de armas y alimentaron la violenta campaña de prensa contra la eventual confabulación de los dos «frentes populares». En Lisboa, el embajador republicano, el historiador Sánchez Albornoz, se encontró pronto solo, casi prisionero en su embajada.

Ahora bien, la ayuda *portuguesa*, gracias a la extensa frontera común entre la zona sublevada y Portugal, fue la providencia del «Movimiento»: armas entregadas, amigos

acogidos, enemigos a quienes se niega asilo, cobertura del
flanco izquierdo de las ofensivas procedentes del sur.

Se habla más, a causa de los acontecimientos posteriores, de las intervenciones alemana e italiana.

El 25 de julio, en Bayreuth, miembros del partido nazi
de Tetuán, emisarios de Franco, se entrevistan con Hitler,
quien pone en marcha inmediatamente «la operación Feuerzauber» (¡salía de ver *La Walkyria*!). Esta operación está,
si no en el principio, al menos en la base de la eficacia
de un «puente aéreo» necesario para las tropas procedentes de Marruecos. El mismo día se promete en Roma una
ayuda inmediata a los enviados de Mola. El 30 de julio,
dos aviones italianos armados aterrizan involuntariamente
en el Marruecos francés, otro se estrella en Argelia; los
partidarios franceses de hacer una entrega de armas al gobierno republicano se apuntan un tanto. Pero, ni en Tánger
ni en Gibraltar, la flota gubernamental encargada de cortar
el Estrecho tiene buena acogida ni para su amarre, ni para
su reabastecimiento. Punto quizá esencial.

Es este *contraste* entre las reticencias espontáneas a las
que se enfrenta la causa republicana y la *rapidez de las
reacciones fascistas ante los sucesos españoles*, lo que permite clasificar el ambiente internacional entre los factores
que benefician a los generales sublevados.

Hábilmente (prepara así su papel futuro), el general
Franco proclama que es necesario *escoger entre España y
Rusia*.

Se ha hecho circular un «plan» de revolución atribuido
a la Tercera Internacional, que toda la prensa europea
acepta difundir. Cuando, de hecho, si bien existía en .Es-
paña una situación revolucionaria desencadenada por la
iniciativa autoritaria (por el *putsch* militar), no estaba

orientada, al menos no al principio, por los comunistas. Los anarcosindicalistas desempeñaban un papel más evidente. En cuanto al gobierno republicano, en cinco años no había encontrado el momento de entablar relaciones diplomáticas con la Unión Soviética; el intercambio de embajadores no tendrá lugar hasta agosto de 1936. Parece claro que los hechos de julio sorprenden a Moscú; el hombre que habría de encargarse de las negociaciones españolas, Maiski, embajador en Londres, estaba de vacaciones. Es verdad que los partidos comunistas en su conjunto —y particularmente el partido francés— fueron rápidamente movilizados para «la ayuda a España». Esta ayuda no podía tener efectos militares inmediatos.

Tuvo el inconveniente de inducir a confundir en Europa y en América, entre las capas sociales más influyentes (exceptuados ciertos medios intelectuales), la causa republicana española con el espectro comunista. Frecuentemente, la división en dos campos —sociales, ideológicos, pasionales— sobre la cuestión española fue todavía más simplista en el extranjero que en España misma.

La última noción evocada por el autor de *Los datos exactos de la guerra civil* está tomada de Raymond Aron. Se trata de la *capacidad de acción colectiva*. Pero, aparte de que una guerra civil no es una «guerra entre naciones», ¿cómo «evaluar» una «capacidad de acción colectiva»? Ciertamente podemos encogernos de hombros ante la afirmación de Gerald Brenan: «Todo el apoyo popular, todo el entusiasmo, todo el espíritu de sacrificio estaban del lado republicano» (aunque no sea despreciable la impresión, vivida, de uno de los hombres del siglo xx que han captado mejor el hecho español). Pero, ¿se corrige esta tajante fórmula objetándole que la España de 1936 contaba con un 33 por ciento de electores «de izquierdas», 33 por ciento de electores «de derechas», 4 por ciento de «centristas» y 30 por ciento de abstencionistas por indiferencia, incapacidad o convicción? Ello significa sin duda que ninguna mayoría masiva se impuso a una pequeña minoría o a la inversa. Pero, ¿qué valen las cifras *globales*? Existen ciudades y campo, regiones agrícolas y regiones industriales, la sensibilidad unitaria castellana y los nacionalismos vasco y catalán. ¿Cómo hablar de la «capacidad de acción colectiva» de Sevilla sometida por Queipo, y de la de Zaragoza bajo Cabanellas?

El 21 de julio pudo haber entusiasmo en la calle, espontáneo u organizado (las noticias de actualidad cinematográficas dan testimonio de ello). Pero, por todas partes, hubo gentes que se escondieron, se camuflaron, se disfrazaron (entre el pueblo, se juzgaba mucho por el aspecto). En la cúpula, parece exacto que el «Movimiento» quedó sorprendido por sus fracasos y el gobierno por sus victorias. Quizá el único grupo ingenuamente satisfecho fue el de los anarquistas barceloneses, orgullosos de haber exorcizado, por fin, la fórmula «no se puede con el ejército», lo que, por otra parte, es realmente la verdadera novedad. Pero, en general, están mezclados los sentimientos: los terrores incontrolados inquietan a los sencillos republicanos que tienen, sin embargo, buena conciencia («les está bien empleado por haber empezado»).

Y, de todas maneras, todo el mundo sabe lo que se arriesga en caso de fracaso. Este sentimiento es particularmente compacto, colectivo, entre los vascos y los catalanes. Por parte del «Movimiento», es la minoría activa la que quisiera convencerse (y convencer) de que constituye la masa, pero se sabe perdida si no llega a culminar la empresa. Finalmente, la «capacidad de acción colectiva» no es un dato. Es una variable. Al principio es débil en los dos campos. Los resultados mediocres de las ofensivas prematuras —acciones sobre la sierra castellana, raid de Miaja contra Córdoba, tentativa marítima sobre Mallorca— y la estabilidad de los frentes mal defendidos, como el de Aragón, testimonian *una doble incapacidad de las fuerzas militares no coloniales.* Por el contrario, la *voluntad defensiva* —el *no pasarán*— reviste un carácter *pasional por una parte y por otra*, por un lado en la masa popular, por otro en la minoría exaltada. Es así como, por *sus mismas insuficiencias*, las dos «capacidades colectivas» anuncian una *guerra larga.*

Capítulo III

EVOLUCIÓN Y CONCLUSIÓN
DEL ENFRENTAMIENTO MILITAR

Julio-noviembre de 1936: «columnas» contra
«milicias». Éxitos rápidos de las fuerzas
coloniales y «milagro de Madrid»

Como el pronunciamiento, el enfrentamiento comenzó
con rápidos éxitos de las fuerzas coloniales, en tanto que
la resistencia republicana se reveló de manera inesperada.

Entre el 5 y el 14 de agosto, la columna motorizada de
la Legión y de los regulares moros, a las órdenes del teniente coronel Yagüe, se dirige a Extremadura desde Andalucía, barriendo resistencias dispersas y campesinos en fuga.
Ocupó Zafra, Almendralejo, Mérida. Se esperaba un choque más duro en Badajoz, ciudad junto a la frontera portuguesa, rodeada de murallas y en donde las milicias populares se apoyaban sobre unidades leales. El combate fue
encarnizado y acabó en una carnicería que causó gran im-

presión en Madrid y en el extranjero. Todavía se discute su amplitud, no su carácter atroz.

La toma de Badajoz aseguraba la unión entre los ejércitos del norte (general Mola) y los del sur (Franco, que se instaló en Cáceres). No era aún la soldadura de la zona sublevada, puesto que faltaba el norte asturiano y el vasco. Pero cubría desde entonces toda la frontera portuguesa. Al este el frente seguía de cerca la línea de Mérida, Peñarroya, Córdoba, Alcalá la Real, Granada, ciudades controladas por Queipo de Llano. Al sur sólo Málaga quedaba en manos republicanas.

La ofensiva de Yagüe apuntaba hacia Madrid. Pero ocupó antes el valle del Tajo. Las milicias formadas en Madrid intentaron en vano defender Talavera de la Reina, que cayó el 3 de septiembre. Al día siguiente, en el frente vasco, caía Irún, después de un cerco muy duro. Esto impedía todo contacto de la zona vasca con Francia. Todo parecía inclinarse en favor del «Movimiento». El 8 de septiembre se unían las tropas de África y las de las montañas de Gredos. Pero los soldados de Yagüe tenían necesidad de descanso.

El 21 de septiembre, Franco tomó una decisión sorprendente. Hizo avanzar las tropas coloniales, a las órdenes del general Varela, no sobre Madrid, sino sobre Toledo. Se trataba de liberar el Alcázar, cuartel-fortaleza en donde, al ser recuperada la ciudad por los republicanos, se habían encerrado 800 guardias civiles, oficiales, falangistas, familias de guardias y rehenes civiles.

El episodio no tiene nada de heroico. Fuera de las privaciones soportadas por unas 1.600 personas encerradas durante 70 días, ninguna salida, pocos muertos en combate, y, por parte de los asaltantes, dos meses de ocio, ante una ciudadela inexpugnable, de la que, salvo en los últimos días, se esperaba su rendición por agotamiento.

Pero como operación de prestigio, tuvo éxito. «Los héroes del Alcázar», el coronel Moscardó, se hicieron mundialmente célebres. El fracaso del asedio podía desalentar a los republicanos.

Otra consecuencia, menos esperada, pero más calculada quizá: Franco, que no tenía hasta entonces responsabilidad política especial, se convirtió, el 1.º de octubre, en «jefe del Estado».

Desde Toledo a Madrid (70 km) la ofensiva tardó más de un mes, aunque las fuerzas coloniales cuentan entonces con ocho columnas, combinan su acción con la caballería de Mola y disponen de carros de combate alemanes. Madrid es bombardeado duramente, regularmente; los refugiados que huyen ante «los moros» plantean graves problemas; las milicias se estructuran, se ejercitan, pero les falta experiencia; el contraataque sobre Illescas (35 km al sur de Madrid) fracasa; la ciudad es tomada el 18 de octubre. Un ataque por el flanco contra el ejército de Varela (en Seseña), apoyado por primera vez por algunos carros de combate soviéticos, no sabe sacar partido de la combinación carros de combate-infantería. El 4 de noviembre se alcanzan las inmediaciones de la capital (Móstoles, Leganés, Getafe). Sin embargo, todo ocurre al oeste de los ríos Manzanares y Jarama; la ciudad *será asaltada por el sur y por el oeste*.

Ni los atacantes ni los medios internacionales (diplomacia, prensa) dudan del desenlace; todo está previsto para la ocupación, la depuración, el avituallamiento, las ceremonias; se cuenta con un rápido reconocimiento diplomático.

Aquí se sitúa la segunda sorpresa del gran enfrentamiento español: *Madrid no fue tomado*. Se formó un frente defensivo de 30 km de trincheras y de barricadas. El 6 de noviembre el gobierno se trasladó a Valencia. Pero una Junta de Defensa, que utilizaba los mejores jefes destacados recientemente, movilizó conjuntamente a la población y a las milicias.

Los días 7 y 8 de noviembre fracasó el «plan Varela» que preveía que la masa de los defensores en combate abierto estaría al sur de la ciudad (puentes de Toledo y de Segovia) y que había que atacar con fuerza en los barrios nuevos del oeste (Casa de Campo, Ciudad Universitaria). Los efectivos no sobrepasaban los 30.000 hombres por una y otra parte. Pero afluyeron refuerzos.

El día 8 desfilaron por Madrid, para incorporarse al frente, las primeras formaciones de las llamadas Brigadas Internacionales. Sería excesivo decir (y se hace a veces) que esta presencia fue decisiva. Era débil numéricamente y no hay que exagerar la experiencia de guerra de los «internacionales» (salvo en el caso de algunos oficiales). Pero estos «voluntarios de la libertad» se batieron con tanta fe, que el efecto psicológico fue considerable en un enfrentamiento en el que los valores simbólicos desempeñaron un gran papel. La ayuda propiamente soviética, también acogida con gran entusiasmo popular, consistió sobre todo, en esta fecha, en la aparición de una aviación de caza (los «Moscas») contra los bombarderos Heinkel, y en el apoyo a los soldados de infantería de tanquistas experimentados (los antitanquistas improvisados —mineros «dinamiteros» y pastores armados con hondas— eran españoles).

Todo no fue fácil. Una tentativa de contraataque por el flanco en el Cerro de los Ángeles, a cargo de la XII Brigada Internacional acabó en desastre. Los marroquíes pudieron establecer una cabeza de puente sobre el Manzanares y ocupar una parte de la Ciudad Universitaria. Poco entrenada, la columna Durruti, de la que su jefe había querido hacer el símbolo de la ayuda de los anarquistas catalanes a Madrid, cedió terreno. Pero en el Puente de los Franceses, alrededor del Palacete de la Moncloa, de la Casa de Velázquez, del Hospital Clínico, los combates, frecuentemente cuerpo a cuerpo, hicieron realidad el célebre *No pasarán*.

El 23 de noviembre Franco renunciaba a tomar Madrid de frente.

Así, al igual que se había perdido la primera apuesta sobre las guarniciones, se perdió la segunda sobre las tropas coloniales de intervención. Franco, lúcidamente, previó entonces una guerra larga. Organizó la *movilización* en su zona, la formación de mandos por instructores alemanes, el entrenamiento de los soldados, la colaboración, bajo mando autónomo, de una infantería italiana, de una aviación alemana. A principios de 1937, debía disponer de medio millón de hombres, quizá dos veces más de los que tenían sus adversarios. Éstos intentaban todavía reagrupar sus columnas en brigadas, sus brigadas en divisiones, sin gran cohesión en la cúpula. Pero Madrid se fortificaba; un cuerpo de ingenieros nacía gracias a los sindicatos de la construcción y a las obras del subsuelo. Tras este frente reforzado, había una retaguardia inmediata de un millón de civiles con dificultades de aprovisionamiento, bajo los horrores de los bombardeos, de las amenazas de la «quinta columna», pero sin doblegar el espíritu popular de resistencia. Si la liberación del Alcázar había sido para los sublevados una victoria psicológica, la resistencia de Madrid compensó ampliamente el efecto. Se convirtió en el *símbolo mundial* de la lucha *contra el fascismo*.

ENERO-MARZO DE 1937: MADRID CONTINÚA SIENDO EL OBJETIVO. FRACASO DE LAS MANIOBRAS ENVOLVENTES

Por esta misma razón, Madrid continuó siendo, durante un tiempo, el gran objetivo. Se intentaron tres maniobras envolventes.

La primera, en enero de 1937, a las puertas de la ciudad (el puesto de mando de las Brigadas Internacionales estaba en La Zarzuela, actual residencia del rey), conquistó una docena de kilómetros en la carretera de El Escorial, pero no cortó Madrid del frente de la Sierra (objetivo de la operación); al precio de enormes pérdidas, se estabilizó un frente fortificado.

En febrero, la batalla del Jarama fue también sangrienta sin ser más decisiva. El mando republicano quería atacar al este de este río, pero se le adelantaron. Se establecieron cabezas de puente. Las alturas del Pingarrón cambiaron varias veces de manos. Pero fue el fracaso de una maniobra que debía cortar la carretera de Valencia y rodear Madrid con otra ofensiva procedente del nordeste.

En marzo, sin embargo, tuvo lugar esta ofensiva; es conocida bajo el nombre de *batalla de Guadalajara*. Su objetivo era esta ciudad, a 60 km al nordeste de Madrid. Una columna (Moscardó) debía llegar de Soria, otra —la principal— era italiana: cuatro divisiones, a las órdenes del general Roatta. Tomaba como eje la carretera de Francia (por Zaragoza) y anunciaba una operación *Blitzkrieg*: blindados, convoyes motorizados, apoyo aéreo. Arrolló una defensa republicana apenas existente y sobrepasó las localidades de Trijueque y Brihuega, con un cierto desorden, debido al mal tiempo. El IV Cuerpo de ejército republicano, formado apresuradamente con brigadas agotadas por los combates del Jarama, no parecía estar en condiciones de organizar más que una defensa. Sin embargo, *contraatacó*, apoyado por los carros de combate (Pavlov), la aviación (Hidalgo de Cisneros), y gracias a una buena colaboración obtenida por Líster entre las brigadas españolas y las brigadas internacionales (Kahle, Ludwig Renn). La presencia, en éstas, de un «batallón Garibaldi» y de jefes italianos (Longo, Nino Nanetti, Vidali) permitió una operación de propaganda a través de octavillas y altavoces, que parece haber sido eficaz sobre el «CTV» (Corpo di Truppe Volontarie), cuya retirada acabó en desbandada.

En las últimas páginas de *L'espoir* Malraux pone ritmo a las noticias de los kilómetros reconquistados por los republicanos en la carretera de Guadalajara... 93... 94... 95. De hecho no se recuperó todo el terreno perdido. Una vez más el resultado *concreto* importaba menos que el efecto *moral*; entre los antifascistas «la esperanza», entre los italianos un comienzo de duda. Pero no subestimemos el alcance *militar* del episodio; Madrid, objetivo de la ofensiva, estaba de nuevo a salvo. Esto no era, pues, aunque lo haya dicho Brasillach, «el resultado estratégicamente sin importancia» de una «aventura imprudente», que hizo sonreír a costa de los italianos.

Las ilusiones del general Roatta provenían de su éxito del mes anterior: *la toma de Málaga*. Málaga había quedado desde julio, en el centro de una lengua litoral Marbella-

Motril, conservada por los republicanos, pero dominada por las sierras andaluzas, que penetraban las fuerzas de Queipo. Una operación combinada de estas fuerzas con la columna Roatta barrió esta bolsa y tomó Málaga (3-10 de febrero de 1937). Se atribuyó este éxito al *Blitzkrieg* motorizado. De hecho, la resistencia republicana había sido muy escasa en Málaga, la situación militar no había sobrepasado el estadio de milicias desorganizadas y el coronel Villalba, designado *in extremis* para mandarlas, no tenía ni los medios, ni la moral (ni quizás el deseo) para conseguir una hazaña.

La pérdida de Málaga afectó duramente al campo republicano. Profundizó una vieja desavenencia entre el general Asensio, hombre de confianza de Largo Caballero, y los organizadores comunistas del frente de Madrid. Asensio y Villalba fueron sancionados. Pero la opinión fue sensible sobre todo al carácter despiadado de la represión antipopular en Málaga y al éxodo de una población ametrallada por la aviación en las carreteras, novedad por aquel entonces...

LA REDUCCIÓN DE LAS ZONAS RODEADAS.
CAÍDA DEL PAÍS VASCO Y DE ASTURIAS.
LAS TENTATIVAS DE DIVERSIÓN (BRUNETE, BELCHITE)

Si renunciaban a Madrid por ahora, era lógico que los generales sublevados se volvieran hacia el norte. Los dos elementos de resistencia allí situados tenían un valor simbólico: Asturias como núcleo *revolucionario*, el País Vasco por su afirmación *nacional*.

Como estos dos elementos, aliados, no se confundían ideológicamente, y como la región de Santander, menos segura, les separaba, el norte republicano no tenía mucha cohesión y estaba muy mermado, en su extremidad oriental, porque toda Guipúzcoa (hasta Ondárroa) había sido ocupada después de la toma de Irún. En la extremidad occidental, todo había girado durante mucho tiempo alrededor del problema de Oviedo, refugio del coronel Aranda, asediado al principio, liberado del cerco después, y convertido en una amenaza para Gijón, ciudadela y puerto revolucionario.

Si bien era difícil atacar el norte por la cadena cantábrica, lo era menos asegurar el bloqueo marítimo y aéreo, a pesar de los incidentes con los ingleses, garantes en principio de la libertad de los mares, pero de hecho, localmente, favorables muchas veces a los franquistas.

Militarmente, se emprendió el ataque al este, y se confió a los carlistas navarros, apoyados, no obstante, por una división italiana y por la Legión Cóndor aérea alemana. El 31 de marzo, Mola dirigió a los vascos un ultimátum de una dureza extrema y lanzó el ataque.

Aquí la novedad fue la preparación de las operaciones por medio de bombardeos aéreos masivos; dos pequeñas ciudades vascas, Durango y Gernika, fueron destruidas.

¿Por qué se convirtió la destrucción de Gernika, a su vez, en un *acontecimiento-símbolo*? Ya hablaremos de ello más adelante. A veces, se dice hoy que el mundo, después de Gernika, «ha conocido cosas peores». Pero Gernika fue *la primera* en ser destruida, y por *aviones alemanes*. Este hecho podía tener tales implicaciones que los responsables lo *negaron*, sus partidarios les *creyeron* y los timoratos *hicieron como que les creían*. El efecto producido salvó quizás a

Bilbao de la destrucción total que Mola le había anunciado. Éste, por otra parte, murió el 3 de junio en un accidente de aviación. El norte resistió hasta el mes de octubre.

La energía de la desesperanza explica estas resistencias encarnizadas. Comunicado con la zona gubernamental, el norte pudo haber sido un nuevo Madrid. Pero las ambigüedades inglesas ante el bloqueo, las contradicciones de la política francesa en torno a las entregas de armas, redujeron a casi nada el aprovisionamiento de las ciudades en víveres y del frente en armamento. Ante la aplastante superioridad (sobre todo aérea) de sus adversarios, los vascos se sintieron abandonados. Habían creado un ejército sólido y la valentía de sus combatientes (los «gudaris») es indiscutible. Pero ni la coordinación con Santander y Asturias, ni las desavenencias en torno al mando (¿vasco o español?) recibieron solución verdadera.

La imagen de un «cinturón de hierro» que protegía a Bilbao era engañosa. Dejando aparte sus imperfecciones, los planos habían sido entregados a los sublevados por el mismo ingeniero que los había diseñado. Hasta la retirada, el gobierno vasco aplicó su política propia. Preocupado por el futuro del país, rehusó emplear la táctica de «tierra quemada». Se le acusó de dejar al vencedor el potencial industrial vasco.

Bilbao cayó el 19 de junio, los vascos se sintieron fuera de su propia casa, mirados con desconfianza, amenazados por la «quinta columna» de Santander. Una parte de su ejército se reagrupó en Santoña, ante la noticia de una negociación entablada entre los responsables del Partido Nacionalista Vasco y el mando italiano. Pero Franco, descontento con esta iniciativa de sus aliados, se opuso a las evacuaciones por mar que se habían previsto.

El fin de Asturias no fue menos dramático. Los elementos más decididos de la resistencia (entre ellos algunos batallones vascos) se encontraban rodeados en un pequeño territorio, ayudados por maniobras de diversión sobre los frentes del centro, pero siempre privados de refuerzos de material, en tanto que se les atacaba por el este, por el oeste y, esta vez, también por los puertos cántabros. El Consejo de Asturias, espontáneamente, tendía a constituirse, como en 1808, en fuerza autónoma, *dirigiéndose directamente a la Sociedad de Naciones*, cosa que hizo reaccionar vivamente al poder central. Al frente de la resistencia se encontraban los jefes de la Comuna asturiana de 1934.

A partir del 10 de octubre la situación es desesperada. Se organiza la evacuación por mar de los mejores combatientes, operación difícil. Gijón es ocupado el 21 de octubre. En este sector histórico de luchas obreras, la represión será larga y encarnizada. Más de un combatiente, que conserva su armamento, proseguirá la lucha formando parte de las guerrillas.

A finales de octubre de 1937 ya no hay frente del norte. Para Franco es una gran victoria. Pero desde el fracaso de Madrid ¡ha pasado un año!

La ayuda gubernamental al frente del norte (obstaculizada, como veremos, en abril-mayo de 1937 por una grave crisis política interna) había consistido principalmente en *operaciones de diversión*.

Dos no tuvieron demasiada envergadura: una sobre La Granja, más allá de la Sierra madrileña (a finales de mayo, es aquella a la que se refiere Hemingway en *¿Por quién doblan las campanas?*); en la otra, a finales de junio, contra Huesca, pereció el general Lukacs, de las Brigadas Internacionales.

Más importantes fueron, en julio y agosto, la *batalla de Brunete* y la *batalla de Belchite*.

La *batalla de Brunete* comenzó el 6 de julio sobre un punto que se consideró débil del frente de Madrid. El efecto sorpresa tuvo éxito, pero fue muy mal explotado. Durante veinte días continuó la batalla, terriblemente mortífera, bajo un sol asfixiante, y Brunete, pequeña localidad completamente destruida, debió ser abandonada por los republicanos. Conservaron algunos pueblos conquistados. Pobre resultado para tan grandes pérdidas. Pero, durante 20 días, 30.000 hombres, la aviación alemana y todo un estado mayor, en el que estaba Franco mismo, habían tenido que desviarse del norte hacia Brunete.

El norte no había sido salvado. No lo fue tampoco por la *batalla de Belchite*, desencadenada un poco tarde, cuando Santander ya había sido cercado. El objetivo del ataque era Zaragoza, cuya toma hubiera causado fuerte impresión. El avance llegó a una docena de kilómetros de la ciudad, en la que, por un momento, reinó la inquietud. Pero los republicanos no se atrevieron a dejar de lado las resistencias locales. Una vez más la ofensiva se transformó en guerra de posiciones, la «batalla de Zaragoza» en «batalla de Belchite». Esta vez, Franco prefirió sacrificar la pequeña localidad. El ataque contra Asturias no fue detenido.

El año 1938. Ofensivas y contraofensivas de envergadura, pero sin decisión

Eliminado el frente norte, los estados mayores antagónicos diseñaron ambiciosos planes; los franquistas, en dirección a Madrid, los republicanos hacia Extremadura.

Finales de diciembre de 1937, ofensiva republicana de Teruel. El gobierno, que el 31 de octubre había dejado Valencia por Barcelona, eligió una estrategia militar modesta, destinada a contrarrestar toda ofensiva contra Madrid. Se trataba de reducir el saliente de Teruel, avanzada del frente de Levante que se podía cortar en su base. Teruel iba a hacerse célebre por las condiciones de la batalla: montañas abruptas, fríos de cinco a 20 grados bajo cero. En efecto, la guarnición de Teruel fue separada de su base y los combates en la calle comenzaron el 22 de diciembre; ocupada, abandonada, conquistada casa por casa, la ciudad fue dominada el 8 de enero de 1938; después del agotamiento de sus fuerzas y a pesar de una orden de resistencia a ultranza, el coronel Rey d'Harcourt se rindió. El efecto psicológico fue grande porque, después de la caída del norte, las capacidades ofensivas del ejército republicano se consideraban como nulas.

Por eso mismo, Franco no quiso mantener esta impresión de fracaso. Dispuso numerosas divisiones contra un dispositivo prematuramente distendido por los vencedores y reconquistó la ciudad el 22 de febrero. Este desenlace parece haber convencido a Franco de que debía dirigir su próxima ofensiva no contra Madrid, sino contra el Este.

En marzo de 1938, la gran ofensiva franquista hacia el Este fue desencadenada a lo largo de 300 km desde los Pirineos (Bielsa, Val d'Aran), hasta las montañas que dominan el litoral valenciano.

La ofensiva (9 de marzo) hundió el frente republicano hacia Belchite, Calanda, en dirección a Alcañiz. El frente

se llevó hasta territorio catalán (Lérida en ruinas cayó el
4 de abril). Pero no se pasó el Bajo Ebro y la ofensiva se
orientó hacia el sur. *El 15 de abril se alcanzaba el mar
cerca de Vinaroz*; Barcelona quedaba separada de Valencia.
¿Por qué se escogió Valencia como primer objetivo? No
se sabe. Pero hicieron falta dos meses para alcanzar Castellón y no se pudieron atravesar las defensas alrededor
de Sagunto. Se preveía la toma de Valencia para el día
25 de julio. Mas, en la noche del 24 al 25, varias divisiones republicanas habían pasado el Ebro y atacado hacia
el oeste.

Esta *batalla del Ebro* (julio-noviembre de 1938) es un
episodio militar muy discutido; llegó a ser una guerra de
trincheras a la manera de 1914, que no acabó hasta noviembre, por una retirada en orden, más allá del río, del
ejército del Ebro republicano. Esta guerra de desgaste, de
resultado territorial nulo, se considera frecuentemente como
el origen del fracaso republicano final. Pero se han exage-
rado las cifras de pérdidas, y hay que tener en cuenta (como
en Teruel) el efecto *indirecto* (detención del ataque contra
Valencia) y el efecto *moral*; por un momento, el «derrotismo» fue superado por los dirigentes y el paso del río
constituyó una sorprendente victoria técnica. El embajador
alemán von Stohrer preveía entonces una derrota franquista si no se reforzaba la ayuda alemana.

Hasta los pactos de Munich, el gobierno del doctor Negrín pudo preguntarse si los acontecimientos internacionales no pondrían fin a su aislamiento. En algunos meses, la
política francesa en materia de entrega de armas cambió
varias veces. Munich significó sobre todo la toma de posición de *Inglaterra* en política internacional. Hecho más
decisivo que la batalla del Ebro.

La fase final de las operaciones.
Hundimiento de Cataluña, escisión en el campo
republicano y marcha hacia la capitulación

Entre la retirada del ejército del Ebro y el desencadenamiento de la ofensiva final en Cataluña, el gran problema, para los dos campos, fue el *del armamento*. La apor-
tación alemana, aunque no fue operativa hasta enero, fue
decisiva. En noviembre, Stalin prometió personalmente a
Hidalgo de Cisneros un gran envío de armas y de aviones;
despachado por Murmansk, retenido en Francia, este material estaba todavía en sus embalajes cuando los republicanos en retirada cruzaron los Pirineos.

La *campaña de Cataluña* (23 de diciembre de 1938 a
2 de febrero de 1939) llevó en efecto en un mes y medio
a la total desorganización de los poderes republicanos, a la
retirada (¡frecuentemente en orden!) de las unidades militares y a un éxodo masivo civil. La mayor parte de las in-
terpretaciones de esta derrota insisten sobre el desequili-
brio de medios militares, la fatiga de las poblaciones, sobre
la debilidad (y las divisiones) de los poderes políticos, y
sería absurdo subestimar estos diversos factores. Sin embargo, hay un aspecto que, a mi entender, ha sido poco
subrayado: la sorprendente semejanza entre esta campaña
de Cataluña y los acontecimientos militares, inmediatamente ulteriores, en Polonia y en Francia.

En Cataluña, por primera vez, y en contraste con lo
que había pasado en Brunete, en Belchite, etc., las brechas
fueron explotadas sin preocuparse de las resistencias loca-

les, y estos desbordamientos sistemáticos dieron, incluso
a unidades combativas, una impresión de impotencia y de
desconfianza hacia el mando, ya que éste se vio obligado
a ordenar sin cesar «rupturas de contacto» que el éxodo
civil y los ataques de la aviación hacían aún más desmora-
lizantes. En junio de 1940, un antiguo combatiente de la
campaña de Cataluña, a quien encontré en el frente francés en plena descomposición, analizaba claramente la identidad de sus dos experiencias. Croquis publicados en 1939
confirman este gran papel de la innovación táctica.

Pero el espacio de retirada era limitado: 100.000 combatientes fueron desarmados en la frontera; una masa de
refugiados civiles (¿250.000?, ¿300.000?) fue internada
en campos improvisados, vigilados por tropas coloniales.
Este recuerdo es aún hoy amargo.

A mediados de febrero de 1939, la zona centro-sur,
todavía republicana, representaba una tercera parte del
territorio nacional, la mitad de la población, Valencia,
Madrid, un frente de 700.000 soldados, poco armados,
pero no mucho menos que en las campañas precedentes.
Negrín, cinco días después de la caída de Barcelona, reunió
en el castillo de Figueres a 67 diputados a Cortes y obtuvo su confianza para prolongar la resistencia y poner
como condiciones de paz: *exclusión de presencias extranjeras, referéndum sobre el régimen, renuncia a las represalias.*

Resistir no era impensable, pero esperar negociar sobre
estas bases era realmente poco realista.

1. *Diplomáticamente*, ingleses y franceses insistían en
una paz inmediata y no querían abogar ante Franco más
que por una vaga limitación de las represalias. El 3 de
febrero, el gobierno francés envió a Burgos a Léon Bérard,
conocido simpatizante franquista. En veinte días se caminó

hacia un reconocimiento formal del gobierno de Burgos. Inglaterra hizo lo mismo, transformando su agente oficioso en representante oficial (23 de febrero).

2. *Políticamente*, los dirigentes republicanos estaban divididos. Además de aquellos a quienes preocupaba sobre todo su destino personal, se distinguía un grupo de partidarios de la resistencia como único medio de preparar el futuro, de salvar vidas, esperando un vuelco en la situación internacional. Otro grupo (no menos apasionado) juzgaba humanamente criminal proseguir una resistencia inútil y alimentaba algunas ilusiones sobre la clemencia que se podría esperar del vencedor. Azaña, el presidente de la República, pertenecía a este grupo: a partir del reconocimiento diplomático del gobierno franquista por Londres y París, dimitió (24 de febrero). El presidente de las Cortes, Martínez Barrio, se convirtió así, constitucionalmente, en la más alta autoridad de la República; ahora bien, no se reunió con Negrín en la zona centro-sur, cosa que tampoco hizo el más alto responsable militar desde 1936, el general Rojo. Como el campo *«jusqu'auboutiste»** se centraba sobre el partido y los militares comunistas, fue aplicado un clásico vocabulario («agentes de Moscú», etc.) a todos los leales a Negrín.

3. *Militarmente*, desde la campaña de Cataluña, algunas de las altas autoridades militares de la zona centro-sur encargadas de ofensivas de diversión, o bien las habían rechazado (Motril), o bien las habían ejecutado sin interés (Extremadura). El general Miaja, héroe mítico de la defensa de Madrid, no pensaba más que en el exilio. El coronel Casado, jefe de Estado mayor del frente central, entró en

* Partidarios de resistir hasta la victoria o la muerte. (*N. del t.*)

contacto, desde enero-febrero, con agentes oficiosos ingleses y los servicios secretos franquistas. Negrín daba órdenes desde puestos itinerantes sin conexión eficaz. Si se rodeaba de hombres fiables, se le acusaba de ponerlo todo en manos comunistas; se salía del paso con promociones formales (Casado, aunque sospechoso, nombrado general...). En Cartagena, después de incidentes contradictorios, la flota huyó del gobierno y abandonó las aguas españolas.

El 5 de marzo estalló *la disidencia* previsible. El coronel Casado constituyó en Madrid un *Consejo de Defensa*, nominalmente presidido por Miaja, presentado en la radio por Besteiro, viejo intelectual socialista desde hacía tiempo partidario de una paz de compromiso, por el anarquista Mera, que mandaba un sector del frente de Madrid, y por Casado mismo.

El discurso era ambiguo, violento contra el gobierno Negrín (declarado «ilegítimo»), pero hablaba todavía de resistencia si no se obtenían condiciones honrosas. Besteiro tenía ilusiones (¡creía que una UGT moderada podría subsistir!). Una izquierda obrera —Mera, Wenceslao Carrillo— multiplicaba las profesiones de fe anticomunista. Casado, por su parte, contaba con una negociación entre militares de alto nivel. Pero Franco, a pesar de la impaciencia de sus agentes en Madrid, no pensaba más que en una rendición *sin condiciones*, al más bajo nivel y sin necesidad de ofensiva.

A partir del 6 de marzo, Negrín y sus principales ministros abandonaron España; los dirigentes comunistas les siguieron pronto, dejando una comisión restringida para organizar las evacuaciones más necesarias. Pero unidades militares aisladas, dirigidas por comunistas, emprendieron la lucha contra los disidentes. En Cartagena, se reconquistó la plaza y fue hundido un barco franquista. En Madrid, sobre todo, una *guerra civil dentro de la guerra civil* ocasionó numerosos muertos (¿2.000?), obligando a Casado a negociar, lo cual no impidió recíprocas ejecuciones sumarias. El 10 de marzo, los agentes de Franco en Madrid no valoraban demasiado a Casado, pero añadían: «las dos facciones ignoran el número y la lealtad de sus propias fuerzas». En otros lugares fuera de Madrid —en Valencia, por ejemplo—, hubo negociación.

El 22 de marzo, el Consejo de Defensa se resignó a enviar a Burgos oficiales de grado medio para acordar los detalles de la rendición. Los frentes se descomponían. El 28 los ejércitos franquistas entraban en Madrid. Casado fue recogido, en Gandía, por un barco inglés.

El último acto de la tragedia tuvo lugar en Alicante. Una multitud de 15.000 fugitivos (combatientes, militantes, familiares), amenazados todos en su libertad, muchos en su propia vida, afluyó hacia el puerto, en donde se había anunciado la presencia de barcos ingleses y franceses. Ninguno se presentó a tiempo. Los delegados de organizaciones francesas (Forcinal, Ullman, Tillon) intentaron en vano que interviniesen los diplomáticos locales. Por tierra el cuerpo italiano de Gambara, y por mar barcos franquistas, cercaron a los fugitivos que fueron concentrados en campos.

El 1.º de abril, Franco publicó su famoso comunicado: «la guerra ha terminado».

Conviene no olvidar las concomitancias. *El 13 de febrero de 1939* Franco había publicado su *Ley de Responsabilidades políticas*, que permitía perseguir a todos los que, *desde octubre de 1934*, habían participado en la vida política republicana, o que, *desde febrero de 1936*, se habían opuesto al «Movimiento» nacional: «*por actos concretos o pasividad grave*». Ni el Consejo de Casado ni los diplomáticos podían ignorar, pues, lo que sería la «paz honrosa».

El 15 de marzo de 1939, Hitler entró en Praga. El 6 de abril Mussolini lo hizo en Albania. El 27 de marzo, Franco firmó el *pacto Antikomintern*, secretamente, pero hizo publicar esta adhesión el 7 de abril. El 25 de marzo, el mariscal Philippe Pétain presentó al general Franco sus cartas credenciales como embajador de Francia, y fue designado embajador ante la República francesa José Félix de Lequerica, que será escogido, en junio de 1940, para transmitir las condiciones del armisticio franco-alemán. La «guerra de España» está en el centro de la dolorosa historia del siglo XX.

Capítulo IV

LOS DOS CAMPOS:
TIPOS DE PODER. EVOLUCIÓN POLÍTICA

El campo republicano: ¿legalidad, revolución o política de guerra?

En principio, evidentemente, las autoridades republicanas representan una legalidad democrática atacada por fuerzas armadas en insurrección abierta. Esto no será discutido por la mayor parte de las potencias hasta los ultimísimos días del conflicto. Por cierto, las potencias fascistas y, en los países liberales, importantes sectores de opinión y de prensa sostuvieron en seguida: 1) que la sublevación estaba legitimada por los desórdenes latentes; 2) que desde el 20 de julio, la fragmentación *de hecho* de los poderes en el campo republicano despojaba de toda realidad a su legitimidad jurídica. Pero estas tesis servían demasiado a la causa de los sublevados como para que sus adversarios no tuviesen como principal cuidado el mantenimiento de

la *continuidad del Estado* y el de sus *formas democráticas.*
Incluso los anarquistas lo admitieron sin dudar, aunque
algunos hayan escrito más tarde que no habían visto en
aquel mantenimiento más que una necesidad de fachada.

De hecho, las paradojas iniciales y después la evolución política del campo republicano no pueden ser juzgadas sobre testimonios descriptivos o esquemas teóricos.
En efecto, hay que distinguir (y esto es ya una simplifica-
ción) varias realidades *regionales,* que no sólo se parecen
poco, sino que frecuentemente se oponen entre ellas.

La total originalidad catalana hasta mayo de 1937

Esta originalidad tiene como fundamentos: 1) la pre-
ponderancia anarcosindicalista entre los vencedores (armados) del 19 de julio; 2) la existencia constitucional de la
Generalitat autónoma. Entre esta *fuerza* y esta *legalidad*
(las dos *regionales*), se propician relaciones obligadas, de
hecho conflictivas, con todo tipo de matices, entre grupos,
personas, posiciones de clase, recuerdos históricos y temperamentos.

La Generalitat y los partidos republicanos se saben
débiles, pero pueden maniobrar, a medio plazo, a partir
de su posición legal. La potencia de la CNT sugiere a sus
jefes inmensas pretensiones revolucionarias. Pero no todos
ven de la misma manera cómo se puede construir una sociedad ácrata y a la vez hacer la guerra. Hay sindicalistas
moderados (Peiró), anarquistas sentimentales (Federica
Montseny), temperamentos guerreros (Durruti), y quien
vacila, como García Oliver, entre el gusto y el desprecio
por el poder. Estos personajes, que podrían complemen-

tarse, no se avienen entre sí. Tienen en común el desprecio por la Generalitat, por la UGT, y el odio, de vieja
raigambre bakuninista, al comunismo autoritario, más débil que ellos en Cataluña, pero presente.

Una presencia que tiene también sus peculiaridades:
consisten éstas en el peso regional relativo, raro en el mundo, de una formación marxista opuesta a la Tercera Internacional, de efectivos limitados, pero muy superiores a los
de las formaciones ortodoxas. Este *Partido Obrero de
Unificación Marxista* (POUM) se erigió, precisamente, a
partir de las peculiaridades regionales (sindical, nacional),
en adversario del Partido Comunista español. Leninista,
pero antiestalinista, trotsquistizante, pero criticado por
Trotski, afiliado a una Unión de Izquierdas cuya justificación había discutido al principio, enemigo apasionado de una
Unión Soviética que los acontecimientos harán popular, el
POUM corre peligro de aislamiento. Sus ilusiones provie-
nen de un equipo dirigente bastante brillante, de una implantación localmente fuerte, pero limitada incluso en Cataluña, y casi inexistente en otros lugares de España. Ahora
bien, el Partido Comunista catalán, aunque es más débil
todavía, se asocia, después del 22 de julio de 1936, a
otros grupos socialistas, en un *Partido Socialista Unificado
de Cataluña* (PSUC), que decuplicará rápidamente sus efectivos, por la atracción de su moderación sobre las capas
sociales medias, por el prestigio militar del Partido Comunista español y de la ayuda soviética. En contrapartida, el
origen burgués de ciertos cuadros y la débil formación teórica de sus militantes exponen al PSUC a los ataques del
POUM, de la CNT e incluso a desconfianzas en la Tercera
Internacional, sin atenuar la hostilidad instintiva de los
medios republicanos y de los socialistas españoles.

Si estas complejidades, estas sutilezas, de la vida política catalana debían ser precisadas aquí, es porque «la revolución española» ha sido descrita frecuentemente (Orwell, Simone Weil, Leval...) a partir del ejemplo catalán, que tiene su dinámica propia, pero que no es el único en España. Se imponen algunas precisiones.

a)   El «*comunismo libertario*» no fue proclamado (oficialmente, «no hay comunismo libertario»), aun cuando lo había sido varias veces en 1932-1936, y lo es, en 1936, en comunas aragonesas y pirenaicas. *En la cúpula,* en Barcelona, los jefes de la CNT-FAI dudan ante la situación general y ante un *problema doctrinal*: ¿es pensable una *dictadura anarquista? ¿Puede reconstruirse el Estado?* Esta crisis de conciencia ha sido descrita por los protagonistas o sus allegados. Es interesante para la historia de este sector de pensamiento. Pero, en relación con los acontecimientos de 1936, ¿qué importa lo que habría *debido* o *podido* hacer, en cada momento, cada personaje? Los mismos responsables confiesan que al no haber asumido el poder desde el primer día, comprometieron el proceso revolucionario. Sin duda, los límites de su acción (aunque sólo sea *geográficamente*) les parecieron *evidentes*.

b)   Se objetará que un *Comité central de las Milicias antifascistas* representó, en Barcelona, desde el 22 de julio, un *poder revolucionario* propuesto (¿o aceptado?) por la CNT, que ocupa los puestos clave (milicias, orden público, abastecimientos); pero los otros partidos y sindicatos están presentes en él, y la Generalitat (su presidente, su Consell) permanece. «¿Doble poder?» La Generalitat tiene pocos medios; pero tiene su pequeña guardia tradicional y cuenta con suficientes adhesiones como para proteger del desorden a personas, instituciones y bienes culturales. Sobre todo, *se atreve a legislar* (sobre los salarios, sobre un Consejo de Economía), cosa que puede parecer, por el momento, risible, pero que condiciona el futuro. Por el contrario, el Comité, cuyos grupos armados deberían «controlar» la vida diaria, «controla» tan aleatoriamente que la opinión atribuye los abusos de los llamados *incontrolados* a las *patrullas de control*. Barcelona tiene un *aspecto* revolucionario, cien veces descrito, con pintorescos conflictos: la multitud ha renunciado al sombrero, pero el sindicato de sombrereros protesta; la moral anarquista ha vaciado el Barrio Chino; pero ¿adónde han ido quienes vivían allí?

De hecho, la dualidad de poderes *apenas ha durado más de dos meses*. El 27 de septiembre, el Consell de la Generalitat queda integrado con representantes de todas las formaciones (partidos, sindicatos); de aquí que el 1.º de octubre desaparezca el Comité. La legalidad no se establece de un golpe. Algunos grupos, algunos hombres, se aferran a los lugares de decisión (policía, justicia), de control (teléfonos, puestos fronterizos). Pero la Generalitat se esfuerza por transformar los comités de pueblo en municipalidades regulares, fundadas sobre su propio modelo de representación. Señalemos que frente al poder central español, la Generalitat no ha sido jamás tan *autónoma*. «La fragmentación de los poderes» en julio ha tenido también ese tipo de consecuencias.

c) *El poder fragmentado de los comités choca contra una resistencia de las estructuras catalanas*. La floración de comités respondía a las tradiciones de la CNT-FAI, para la cual la palabra parecía cargada de magia (hacía poco, un humorista catalán había plagiado el estilo anarquista firmando «por el comité, el comité», y esto le costó caro); con todo, estas tomas del poder local dieron resultados muy diversos: pacíficas comunas, presididas por venerables figuras idealistas, fueron vecinas de los peores excesos, sin proyecto político claro. No comparemos, pues, abusivamente todo comité con los *soviets*, con los «consejos» de 1917-1918. Pensemos, más bien —referencia más española—, en las juntas de 1808, o en el frágil cantonalismo de 1873.

Pero la regularización de los poderes en el ámbito de la Generalitat se apoyaba sobre otra peculiaridad regional: el peso numérico (sin duda mayoritario) de las clases medias y populares, ni proletarias ni revolucionarias, pero ligadas al complejo *patriótico-democrático catalán*. Este sector masivo de opinión atribuye la responsabilidad de la conmoción sufrida al «Movimiento» militar, y no le cabe esperar de éste más que un «terror blanco» anticatalán. De ahí una voluntad de resistencia, en la que el restablecimiento de una autoridad institucional reaviva la *conciencia de legitimidad* necesaria para una comunidad en guerra. El presidente Companys encarna los valores simbólicos. Su *conseller en cap*, Tarradellas, demuestra capacidad de organización. Despreciando a estos «pequeños burgueses», la CNT y el POUM prosiguen sus sueños revolucionarios, pero contradictorios; la UGT y el PSUC tienen en el antifascismo una definición clara, pero negativa. Bajo la apariencia de un progreso del orden y al ritmo de las noticias contrastadas de los frentes (caída de Toledo/«milagro de Madrid», caída de Málaga/victoria de Guadalajara), la crisis se prepara en Barcelona. Las formas democráticas

supervivientes la favorecen: sutiles dosificaciones de las
representaciones en el Consell, abundancia de una prensa
muy crítica, mítines de oposición: ¿todo esto es compatible
con una *política de guerra*?

*d) Un giro: los «sucesos de mayo» en Barcelona
(1937).*

Desde el 3 al 8 de mayo de 1937, Barcelona se cubre
de barricadas. Escaramuzas, tiroteos, originan más de dos-
cientos muertos; sin embargo, el campo republicano, en
pleno drama militar (¡Gernika es del 26 de abril!) no se
derrumba. Es tan paradójico que toda interpretación partidista habla de provocación. Pero la provocación, para el
POUM, proviene de Moscú, vía PSUC; para el PSUC, de
Berlín, vía el POUM; para la CNT, de un complot catalanista en París; para Franco, de trece de sus agentes en
Barcelona. En ciertos climas, es verdad, todo puede ser
provocado. Pero es la colilla del fumador. La fuerza de
expansión de los gases es el verdadero problema.

Barcelona y su aglomeración han condensado siempre
un singular potencial revolucionario (que repercute a su
vez en las otras ciudades catalanas). En julio de 1936,
la Barcelona revolucionaria ha creído ver materializado su
sueño, y los ecos extranjeros la animan a ello. Pero las
pintorescas «columnas» no conquistan Zaragoza. Los comités y patrullas ven desmoronarse su autoridad. La consigna
oficial «todas las armas al frente» amenaza la posesión del
arma individual, viejo símbolo catalán de la participación
personal en el poder. Decepciones y rencores reemplazan el
entusiasmo. A ello se añade, en la primavera de 1937, una
crisis si no «de subsistencia», sí al menos de distribución,

de carestía, de mercado negro. Aparecerán mujeres en las barricadas.

La explosión del 3 de mayo se anunciaba desde hacía tiempo. *Ruta*, periódico de las juventudes libertarias, pregonaba violentamente su negativa a que se defendiese un régimen aburguesado, y *La Batalla*, del POUM, la necesidad de acabar la revolución para ganar la guerra. Los tumultos estallaban. En los funerales de los militantes muertos, sus amigos medían las fuerzas respectivas. A finales de abril, el gobierno central, poco mezclado al principio en estas luchas, hacía ocupar por los carabineros del doctor Negrín, ministro de Hacienda, los puertos fronterizos que estaban en manos anarquistas. Antonio Martín, «el Cojo de Málaga», caía muerto en un choque con las fuerzas del orden, y su cantón libertario de Puigcerdà desaparecía con él.

En Barcelona, el incidente clave sobrevino en plena ciudad, en la Telefónica, corazón de las comunicaciones regionales, ocupada desde julio por un comité intersindical, de hecho por la FAI, colocada así a la escucha de las conversaciones oficiales, y que gustaba de hacerlo saber con insolencia.

El 3 de mayo, un *conseller* de Interior de la Generalitat, un republicano catalanista, tomó la responsabilidad de enviar a la Telefónica la policía a las órdenes de un comisario de Orden Público particularmente mal visto por las organizaciones revolucionarias (que había dejado por el PSUC). Fue recibido con un tiroteo, que repercutió en las calles vecinas, en los barrios obreros, con la orden de huelga general. Oficialmente sólo se pedía la destitución de los responsables, pero el principio de poder estaba en juego: Companys rehusó. Sin embargo, remodeló su Consell. Pero

el líder de la UGT nombrado por él fue muerto cuando
se encaminaba a ocupar su puesto. El presidente Azaña,
que residía en Barcelona, permaneció aislado, olvidado,
durante cuatro días. Era el caos.

La Generalitat hizo un llamamiento al gobierno central,
entonces en Valencia. Largo Caballero, su presidente, y
Prieto, ministro de la Guerra, tomaron (sin apresurarse)
dos decisiones complementarias: 1) enviaron a Barcelona
a los dos ministros anarquistas (García Oliver, Federica
Montseny) y dos jefes sindicales: todos, aunque bastante
mal recibidos por la base, recomendaron el alto el fuego,
«sin vencedores ni vencidos»; 2) enviaron tropas por mar
y por tierra hacia Barcelona. El poder central recuperaba
la responsabilidad del orden en Cataluña: giro importante.

Los «hechos de mayo» han inspirado toda una litera-
tura. Frecuentemente a partir del relato de Orwell, el testigo más despistado del combate más confuso. Esta «agonía
de la revolución» ha hecho llorar mucho en las universida-
des americanas. Pero en aquellos momentos mismos, los informes de *Marianet* Vázquez a la CNT y de Andreu Nin al
POUM dicen crudamente que la insurrección era absurda,
*puesto que la atribuyen a una provocación y se felicitan de
haberla detenido*. En Aragón, los jefes de las milicias cenetistas y poumistas estuvieron tentados de marchar sobre Barcelona, pero no se atrevieron a desguarnecer el frente: evidencia de la contradicción entre la revolución y la guerra. Pero
se había repetido justamente lo contrario desde hacía meses.

El POUM, en una fórmula bonita, acusaba a los comunistas ortodoxos de querer *transformar la guerra civil en
una guerra imperialista*; pero, para pretender invertir esta
fórmula, ¿se estaba en octubre de 1917? Barcelona, en
mayo de 1937, revivió más bien su Semana Trágica de

1909: *una reacción popular, no asumida por aquellos cuyo lenguaje la había suscitado.*

Las consecuencias son graves: 1) entre Cataluña y el poder central, se agrava la desconfianza; 2) para la CNT, es la pérdida de influencia en la cúpula, el desencanto en la base; 3) para el POUM es la marginación legal; el PSUC querría un proceso por espionaje, calcado sobre los de Moscú, exactamente contemporáneos; la justicia republicana lo considera sólo como una insubordinación en tiempo de guerra, merecedora de simples penas de prisión. Pero Nin, trasladado a Madrid al principio de la instrucción del proceso, desaparece en manos de una policía paralela.

En esta atmósfera agobiante, es casi sorprendente que no sucumbiera el poder republicano. Por el contrario, tiene, sin duda, la impresión de reforzarse: 1) al concentrarse involuntariamente, dramáticamente, ante la pérdida militar del norte; 2) políticamente, a causa de un mejor control sobre Barcelona, donde decide instalarse a finales de octubre de 1937; 3) por la eliminación, desde el mes de agosto, de la casi disidencia del *Consejo de Aragón.*

Un poder regional anarquizante: el Consejo de Aragón

En julio-agosto de 1936, en marcha hacia Zaragoza, las milicias anarquistas de Barcelona a veces confirman, a veces imponen, poderes comunales y la colectivización de las tierras, experiencia social de gran diversidad, interesante, sobre la que convendrá decir unas palabras. Hay que señalar que, *políticamente*, esta experiencia implicó la exigencia de un poder regional autónomo, el Consejo de Aragón, legalizado en diciembre de 1936 por el presidente del Consejo de

Ministros, Largo Caballero, socialista abierto de buen grado a una alianza anarcosindicalista. En principio, el Consejo era pluralista. De hecho, lo dominaba la FAI, bajo la presidencia de un Ascaso (Joaquín).

Ni los comunistas, ni los socialistas autoritarios (Prieto, Negrín), veían con buenos ojos esta disidencia regional, esta revolución agraria que juzgaban fuera de lugar, bajo la protección de un frente incierto, mantenido por milicias mal estructuradas. Después de los acontecimientos de mayo, Largo Caballero tuvo que ceder la presidencia del Consejo a Negrín y el ministerio de la Guerra a Prieto. Se acordó la disolución del Consejo de Aragón, y como se preveían resistencias, se envió «a descansar» cerca de Caspe, en donde residía este Consejo, a la formación militar comunista más sólida, la división Líster, dejándole (no sin cálculo por parte de Prieto, sin duda), la responsabilidad de una represión. La liquidación política del Consejo de Aragón no fue difícil: un centenar de detenciones, de las que muy pocas fueron mantenidas. Es más difícil precisar los choques locales producidos por las colectivizaciones, seguidas de descolectivizaciones y frecuentemente de recolectivizaciones.

Ciertos autores vinculan al descontento campesino —pero, ¿cuál?— la débil resistencia de la región a la ofensiva franquista de marzo de 1938. Pero en el intervalo tuvieron lugar las operaciones (igualmente aragonesas) de Belchite y de Teruel. Uno puede preguntarse si no es en el terreno militar donde la unificación política del poder, durante el verano de 1938, dio sus mayores frutos.

El caso de Euskadi: no revolución social, sino conciencia nacional

En la heterogeneidad regional del acontecimiento español, el caso de Euskadi es sin duda el más original. La situación allí no es revolucionaria. La propiedad privada no se pone en cuestión. El culto está asegurado, bajo autoridades mayoritariamente católicas. El prurito de legalidad ha llegado hasta esperar, para ejercer la autonomía tan deseada, a que las Cortes de la República voten el Estatuto definitivo (1.º de octubre de 1936); hasta el 7 de octubre el presidente Aguirre, bajo el árbol de Gernika, no jura fidelidad a las instituciones vascas. Hasta entonces, un simple comité del Frente Popular había asegurado el ejercicio del poder, a pesar de algunos incidentes aislados.

Estos rasgos moderados subrayan quizás el más vigoroso de los particularismos. No rige ninguna preferencia social o política, sino una *conciencia de comunidad*, de *patria*. De ahí viene, militarmente, el reclutamiento de un ejército vasco (los «gudaris») y el deseo del presidente Aguirre de estar al frente de él. La derrota ha sido determinada, ante todo, por el aislamiento territorial. La gran peculiaridad de la resistencia al golpe de estado es, pues, esta dispersión de sus centros, autónomos por posición, pero cuyas originalidades, desigualmente desarrolladas, son de naturaleza diversa.

Gobierno central y resistencias localizadas:
el caso de la Junta de Defensa de Madrid

Del 20 de julio al 4 de septiembre de 1936, en Madrid, el gobierno republicano moderado del doctor Giral, sin autoridad real sobre las decenas de «poderes» nacidos de la espontaneidad popular, encarnaba, sobre todo, la *continuidad republicana* ante el extranjero. Pero se experimentó pronto la necesidad de un gobierno más conforme con la imagen de las fuerzas antifascistas y sindicales.

Largo Caballero, líder socialista, formó este gobierno el 4 de septiembre, sin conseguir aún la colaboración de la CNT, que prefería la fórmula Junta de Defensa. Él se obstinó y pudo, dos meses más tarde, nombrar cuatro ministros cenetistas, de los cuales dos eran moderados (Peiró y Juan López) y dos cercanos a la FAI (García Oliver [Justicia] y Federica Montseny [Sanidad]). Esta participación no se llevó a efecto sin crisis de conciencia por parte de los anarquistas. Para Largo Caballero significaba a la vez una opción sindicalista, obrerista, y un contrapeso a la ascensión comunista.

Pero este gobierno, formado el 4 de noviembre, decidía, el 6, abandonar Madrid y pasar a Valencia. Esto incomodó a los nuevos ministros, pues la base anarquista, en Madrid, detuvo simbólicamente los coches oficiales al grito de «Viva Madrid sin gobierno».

Abandonar Madrid cuando los moros estaban en los puentes del Manzanares no era nada deshonroso para un gobierno prudente, decidido a continuar la lucha. Pero la operación despertó, al menos en el general Asensio, consejero militar preferido por Largo Caballero, un derrotismo evidente: deseo de retardar al máximo el anuncio de la salida, error material en la entrega de las órdenes, simple designación de dos generales, uno para el «frente» del centro (Pozas), otro especialmente para Madrid (Miaja), con la ayuda de una Junta cuya composición estaba simplemente sugerida («a imagen del gobierno»). A un interlocutor que dudaba de las cualidades de Miaja para una elección semejante, Asensio respondió: «Para lo que esto va a durar...».

Sí, pero ¡duró!, y Miaja, popularmente, mundialmente, se convirtió en el mítico «defensor de Madrid». Honor que, seguramente, sobrepasa sus méritos. Pero en fin, como decía Joffre después del Marne, si la batalla no hubiera sido ganada, ¡se hubiera sabido en seguida quién la había perdido!, y nada se parece más al famoso orden del día de Joffre que el de Miaja, del 7 de noviembre de 1936. Una mezcla de vocabulario heroico y de optimismo bonachón en un jefe, en una situación trágica, no es inútil para la moral del combatiente.

Hemos hablado de la sorpresa que constituyó la capacidad defensiva de las milicias que se habían mostrado inexpertas en campo raso. El 7 de noviembre, la primera asamblea de la Junta no oculta que la situación, si no desesperada, es desesperante. Pero ya el día 11 Miaja declara a un ministro que había ido a informarse que si Madrid ha resistido tres días, puede resistir un año, y Pozas se dice conmovido por el ejemplo de sus tropas. Pero la situación seguirá siendo insegura hasta el día 23.

En principio, la Junta no tiene función militar. El verdadero responsable militar (el jefe del Estado mayor, Rojo) la informa, sin embargo, regularmente. Y de ella dependen transportes, evacuación, abastecimiento, orden público, en una ciudad de un millón de habitantes, sin ayuntamiento, bajo los fuegos de la artillería y de la aviación, en la que las prisiones y las embajadas rebosan de enemigos declarados, en la que los sospechosos pululan por doquier. Es cierto que, desde julio, las organizaciones revolucionarias encuadran a la población, pero están divididas, recelosas, permeables a las provocaciones.

Por lo demás no hubo mayores dramas (las matanzas de prisioneros —cárcel Modelo, Paracuellos— son anteriores a la Junta).

Así, el milagro militar de Madrid se desdobla en un «milagro» civil, *político*. Las imágenes del «pueblo de Madrid», del «quinto regimiento», de las «Brigadas Internacionales», dieron entonces la vuelta al mundo. Por medio de poemas, de canciones. ¿Mitificación? Sin duda. Pero que, como, en el caso de la Comuna de París, también forma parte de la historia. Es verdad que a la historiografía comunista le ha gustado identificar ese mito con su propia causa. Sus adversarios han hecho todo lo posible, pues, para demolerlo. De hecho, al no ver en el episodio de la Junta sino «hegemonía comunista», han reforzado esta identificación.

La reciente publicación de las actas de la Junta demuestra, de hecho, que para el período del 7 al 20 de septiembre, verdadero momento del «milagro», hubo unos días de instintiva unidad de acción, esforzándose cada representante de una formación sindical o política en cumplir la función que le había sido atribuida y haciendo piña todos (y piña con sus jefes) para resolver los problemas importantes sin dramatizarlos.

Lo extraño es que, en el mismo momento, es el gobierno (o mejor, el entorno inmediato de Largo Caballero) el que desconfía de la Junta. El 17 de noviembre un miembro de la Junta pudo afirmar —y las memorias de Largo Caballero lo confirman— que ciertos personajes, en Valencia, vivían los éxitos de la resistencia madrileña como una especie de fracasos personales. Sin duda porque la hipótesis de guerra de Asensio se había fundado sobre el abandono de Madrid («un estómago», había dicho Largo Caballero hablando de la capital, subestimando absurdamente la importancia psicológica y diplomática de su posesión).

¿Se temía también una especie de Comuna, una resistencia cantonalista? Sin olvidar la fuerza de las tradiciones españolas, 1873 o 1808, se puede juzgar como más complejo el episodio madrileño; a la organización revolucionaria, a la adhesión popular hay que añadir las capacidades militares de un Estado mayor (Rojo), y la presencia de una ayuda internacional (Brigadas, material y consejeros soviéticos, etc.). No se trata de un suceso local.

Esto explica quizá ciertas reacciones de mal humor: a finales de noviembre se recordó a la Junta que no era sino «delegada» del gobierno, cosa que jamás había discutido. Pero, cuando el peligro fue menos inmediato, se vieron surgir en el seno de la Junta conflictos en torno a los controles de la calle, los servicios de policía, la censura de las publicaciones, entre anarquistas y comunistas, como en Barcelona. Pero en Madrid no podían ser masivos. No existirán «hechos de mayo». En abril la Junta cede el puesto a un municipio regular dotado de los poderes tradicionales.

No se puede pensar, por otra parte, que la desconfianza de Largo Caballero hacia la Junta haya sido una simple manifestación de centralismo autoritario, puesto que, en noviembre y diciembre de 1936, había legalizado la existencia de consejos casi autónomos en Santander y en Asturias, y la del Consejo de Aragón, en una provincia muy cercana al poder central.

Es comprensible, pues, que después de los sucesos de mayo en Barcelona, no solamente todas las tendencias políticas, sino todos los temperamentos favorables a una conducción de la guerra enérgica y unificada se hayan coaligado contra Largo Caballero, que sólo había manifestado autoritarismo contra los salvadores de Madrid. Una crisis ministerial de tipo clásico —sorprendente para un tiempo de guerra (consultas, dosificaciones, exclusiones, combinaciones)— desemboca, el 17 de mayo de 1937, en la designación del doctor Negrín para la presidencia del Consejo, que conservaría más de veinte meses, hasta el fin de la guerra.

Mayo de 1937 - marzo de 1939. El doctor Negrín.
Los gobiernos de guerra

Juan Negrín, catedrático de gran renombre, socialista moderado, ministro de Hacienda de Largo Caballero, se enfrentó a éste, al que juzgaba incompetente en materia militar y veleidoso en materia social. El 17 de mayo de 1937, aceptó presidir un *gobierno de guerra*. Para el Ministerio de la Guerra, llamó primero a Prieto, viejo adversario de Largo Caballero en el seno del Partido Socialista, pero en marzo de 1938, ante los éxitos franquistas en los frentes del este, Prieto expresó un pesimismo que Negrín no soportó. Despidió a Prieto y asumió su ministerio. En suma, su divisa fue: «Hago la guerra».

Como que la guerra se perdió, el recuerdo de Negrín

sufrió las consecuencias. La historiografía franquista no le perdonó su larguísima resistencia. Aquellos a quienes hirió (Largo Caballero, Prieto, Azaña) concentraron en él sus rencores. En Barcelona, donde se instaló (octubre de 1937), chocó con las susceptibilidades catalanas. Los vencidos de mayo de 1937, los nostálgicos de los primeros días de la revolución, vieron en él al responsable de sus desilusiones y de las represiones sufridas; los comunistas, incluso, fueron severos con sus debilidades de los últimos días (febrero de 1939).

Sin embargo, la queja más común contra él es: «Fue el instrumento de los comunistas». ¿No convendría invertir la fórmula? Para una política de guerra, tanto en el interior como en el exterior, frecuentemente sólo encontró como instrumento seguro y continuo las organizaciones comunistas. Sin embargo, hay que añadir: y todos aquellos, entonces numerosos, que no rehuían sistemáticamente colaborar con ellas.

Se advierte, en efecto, que durante los veinte meses que gobernó Negrín no fue nunca rechazado en la base. La línea de la división de opiniones, de apoyos, no pasa en forma alguna entre una minoría comunista y los demás sectores. Pasa, más bien, si empleamos un vocabulario peyorativo pero presente en toda guerra, entre *derrotistas* y *jusqu'auboutistes*.

Esta división existe *en el seno* del Partido Socialista, *en el seno* de la CNT (que entra, a pesar de las resistencias internas, en el segundo gabinete de Negrín). En lo que queda de las Cortes, en donde se sientan hasta moderados, «centristas» de antes de la guerra, el gabinete no es desautorizado jamás. Nadie se atreve a desafiar la combatividad de la base, si no la de la población, al menos la de los

soldados y los militantes. Negrín hace ver que es fácil para
los dirigentes pensar en una paz que les conducirá al
exilio, mientras que, al ser vencido, un hombre del pueblo
expone su libertad y su vida. Negrín no excluye la negociación, pero coloca el listón alto; sus *trece puntos* (abril
de 1938) perfilan un conjunto que se asemeja mucho a la
actual constitución española (sin la monarquía) y no condena la fórmula de Azaña: Paz, Piedad, Perdón. Incluso
sorprende a la opinión asistiendo en Zurich a un congreso
de biólogos. Buscaba allí un interlocutor que no llegó a
comparecer.

Último punto: ¿prolongar la guerra significaba una
falta de clarividencia? Sin duda el desenlace final parece
dar la razón a los pesimistas. Pero Azaña mismo, pesimis-
ta desde el 18 de julio, recuperó a veces el ánimo ante las
victorias pasajeras y no abdicó de sus altas responsabilidades hasta el momento en que Inglaterra reconoció a Franco. Finalmente, ¿es exacto que Negrín (se le acusa de ello
frecuentemente) «apostó» a la posibilidad de la guerra
mundial? No era absurdo *preverla*, y en un plazo muy corto,
y se podían infravalorar (como harán polacos, franceses y
rusos), las capacidades de ruptura de las nuevas tácticas.
Lo que se podría haber previsto, por el contrario, era que
la «no-intervención» en España presagiaba Munich, y que
Hitler esperaría el triunfo anunciado de Franco para entrar en Praga. En el frente *internacional* es donde el «*jusqu'auboutisme*» de Negrín, más jacobino que bolchevique,
más clemencista que leninista, había de encontrar su condena.

EL CAMPO DEL «MOVIMIENTO»: ¿DICTADURA MILITAR
O «NUEVO ESTADO»? ¿«NACIONALCATOLICISMO»
O «INSPIRACIÓN FASCISTA»? EL «FRANQUISMO»

El proyecto de sublevación militar era *negativo* y *ambiguo*. *Contra* el «desorden», la «revolución», la fragmentación nacional. En nombre (al principio) del orden republicano, pero (desde el principio también) con nostalgias monárquicas. Socialmente, se esperaba una *contrarrevolución conservadora*; pero el vocabulario de la Falange era anticapitalista. En cuanto a los hombres, el accidente del general Sanjurjo privó a los militares del jefe esperado. Ningún otro líder se imponía de antemano, ¿De dónde provendría una *autoridad de estado*, que implicaba la naturaleza del «Movimiento»?

Era necesario disponer rápidamente de un órgano responsable diplomática y administrativamente. Éste fue (25 de julio de 1936) la Junta de Defensa, presidida en Burgos por Cabanellas, general sin autoridad real. Sin embargo, de la Junta datan medidas que definen al régimen; se cambia (29 de agosto) la bandera republicana por la anterior a 1931; se califica al «18 de julio» de «Movimiento Salvador» para diferenciarlo de un pronunciamiento ordinario; se suprimen los partidos (los del Frente Popular son despojados de sus bienes, los otros son reducidos a la inactividad); pero se ven surgir formaciones paramilitares que se manifiestan a la manera fascista. No olvidemos (28 de agosto, 29 de septiembre) los decretos de «contrarreforma agraria» que devolvían a los propietarios las tierras y los derechos que hubieran podido quitarles los repartos oficiales o espontáneos. Sin embargo, en un territorio poco homogéneo y cuando dos formaciones políticas (Falange y requetés) juegan un papel militar importante, ¿cómo hablar de una autoridad de Estado? Había que forjar otras estructuras.

En principio, en la zona sublevada, la generalización del estado de guerra (28 de julio) ponía el «Orden» y la «Justicia» en manos del ejército. Ello no significa que hoy se distinga bien (por ejemplo, en la represión) el papel respectivo de las autoridades, de los individuos, de las formaciones paramilitares.

Hemos mencionado cómo en un momento bien escogido (la liberación del Alcázar), el general Franco fue proclamado «generalísimo» (21 de septiembre de 1936), después —hecho menos esperado— *jefe del gobierno del Estado* (28 de septiembre). Por otra parte, él no se rodeará, hasta enero de 1938, más que de una *Junta técnica*.

Franco necesitó políticamente resolver los problemas planteados entre viejos partidos de derechas, Falange y Comunión Tradicionalista. Los primeros le ofrecían principalmente adhesiones individuales (su designación debía mucho a los generales monárquicos...). Los carlistas-tradicionalistas tenían sus tropas (requetés); cuando quisieron tener sus propias escuelas militares, Franco reaccionó; impuso a toda la milicia la disciplina de los ejércitos regulares, y Fal Conde, jefe tradicionalista, tuvo que exiliarse (diciembre de 1936). En cuanto a la Falange, más próxima a los fascismos europeos (el embajador alemán, von Faupel, se interesaba por su suerte), había sufrido, desde su fundación por José Antonio Primo de Rivera (octubre de 1933), una evolución compleja.

En febrero de 1936 contaba a lo sumo con 6.000 afiliados y no obtenía en las elecciones más que 40.000 votos en toda España. Ello a pesar de su fusión (1934) con las Juntas de Ofensiva Nacional Sindicalista de Valladolid (Onésimo Redondo), inventoras de los símbolos del futuro: bandera roja y negra (referencia sindicalista), yugo y flechas de los Reyes Católicos, grito de «Arriba España», etc.

Los 27 *puntos* de José Antonio eran más precisos, pero demasiado cercanos al programa de Gil Robles como para disputarle muchos votos: *contra* los «separatismos», *contra* la constitución «en cuanto incita a las disgregaciones», *contra* las luchas de clase y de partidos, *por* una España grande, un ejército fuerte, una exaltación del pasado católico-imperial, una defensa de la agricultura a la manera de los sindicatos católicos castellanos, dejando la reforma agraria limitada a las tierras «ilegítimamente adquiridas» (¡término ambiguo!) y a proyectos técnicos (repoblación forestal, regadío). El estilo personal de José Antonio («unidad de destino», «la vida es milicia») y el vocabulario fascista (Estado «instrumento totalitario», España «sindicato de productores») no parecen haber interesado a la opinión antes de febrero de 1936. Por el contrario, entre febrero y julio, la decepción electoral y el atractivo de una combatividad de calle triplicaron los efectivos de la Falange, pero por una afluencia de *jóvenes*, con desorden en la cúpula, porque los jefes históricos (Onésimo Redondo, José Antonia) estaban en prisión.

Después del 18 de julio, el fenómeno se amplificó con el aumento en número de los falangistas militarizados; son 35.000 en octubre, o sea, el 54 por ciento de las milicias en armas y 19 por ciento del conjunto de las fuerzas armadas... Pero, ¿quién les dirige? Onésimo ha muerto en combate, José Antonio, en Alicante, está incomunicado. ¿Ha soñado en una reconciliación nacional de otro modo que como abogado para su defensa? Los proyectos para liberarle (alemanes, españoles), ¿fueron serios? ¿El gobierno de Valencia dudaba en ejecutarlo? Son cuestiones sobre las que aún se discute. El hecho es que la ejecución tuvo lugar, después de un proceso regular (20 de noviembre de 1936). Durante dos años la Falange hizo como si no lo creyese, como si se hablase en nombre del «*ausente*». Para Franco, un *rival posible se convertía en mito cómodo*. En abril de 1937 fijó nuevas normas para la vida pública.

La operación, en el Estado mayor de Salamanca, fue en parte obra de un recién llegado, escapado de Madrid, Ramón Serrano Súñer, ex militante gilroblista, pero amigo personal de José Antonio, y cuñado de Franco (se le llamará el «cuñadísimo»), bien situado, pues, para unificar los componentes del «Movimiento», bajo un nombre que se contentó con introducir la palabra «tradicionalista» en el título ya complejo de Falange (Falange Española Tradicionalista y de las Juntas de Ofensiva Nacional Sindicalista, FET y de las JONS).

El programa se identificaba con los «26 puntos» de José Antonio. Así los falangistas de primera hora («camisas viejas») podían estar satisfechos; pero se había suprimido el punto 27, que comprometía a la Falange a permanecer autónoma. Un conflicto se dibujó en la cúspide: el jefe nacional de la Falange, Manuel Hedilla, quería conservar esta independencia; militante sincero, pero provinciano sin prestigio, sólo provocó un incidente grave (16 y 17 de abril de 1937). Cuando Franco le ofreció un puesto en el aparato, lo rehusó (20 de abril). Juzgado entonces como rebelde y condenado a muerte sólo se le encarceló en Canarias. El tradicionalista Fal Conde prefirió permanecer en el exilio, no aceptando tampoco ningún puesto de manos de Franco. Los jefes históricos fueron apartados. La masa de los militantes y los dirigentes oportunistas aceptaron una unificación que la guerra justificaba, y que daba, de hecho, al *partido único* un verdadero control de la sociedad, por medio de las asociaciones, sindicatos, policías paralelas, etc., con distribución de puestos, locales, créditos. Pero, con este aparato, Franco,

> Jefe Nacional de Falange Española Tradicionalista y de las JONS, supremo caudillo del Movimiento, personifica todos los Valores y todos los Honores del mismo. Como autor de la Era Histórica donde España adquiere las posibilidades de realizar su Destino y con él los anhelos del Movimiento, el Jefe asume en su entera plenitud la más absoluta autoridad. El Jefe responde ante Dios y ante la Historia...

Se inicia entonces el *franquismo*, que habrá de durar cuarenta años.

Dos interrogantes clásicos (¿demasiado?) se plantean entonces: ¿qué debe el «franquismo» a la *persona* de Franco? ¿Cuál es la *naturaleza* de este régimen?

Hombres muy distintos (Gil Robles, José Antonio, Prieto) habían previsto desde hacía tiempo un porvenir político para Franco, ante su fulgurante carrera en Marruecos. ¡Durante mucho tiempo eludió las responsabilidades! Incluso en julio de 1936, no fue él el organizador. Su suerte fue disponer de tropas coloniales, haber tomado contacto a tiempo con Hitler, haberse declarado desde el 23 de julio «beligerante contra Rusia», cosa que le valió el apoyo de todos los conservadores del mundo. Esta sensibilidad para los instintos de clase será siempre la divisa de su talento.

Si es que tuvo talento. Se puede dudar incluso que haya tenido carisma. Ni prestancia física, ni don de palabra, ni pensamiento original, ni fuego interior; no fue jamás «popular» en el sentido pleno del término, pero supo forjar su imagen: manifestaciones, gritos («Franco, Franco, Franco»), uniformes, mitos —José Antonio, *«el ausente»*, no se convirtió en *«presente»* más que en las paredes—. Más clásicos son los silencios, las mentiras (¡negó el bombardeo de Gernika!). Se prometió la restauración a los monárquicos, la «cruzada» al clero, el estado corporativo a la Falange. En cuanto a las represiones, prudentes con las oposiciones internas, golpearon, sin crueldad sádica pero con una frialdad asombrosa, a todo sospechoso de simpatías republicanas, incluso pasivas. Finalmente, el azar le fue favorable y el hombre pudo autodenominarse, quizá creerse, *«caudillo de España por la gracia de Dios».** La leyenda de las monedas.

¿El franquismo es, pues, un *caudillismo*? Esta referencia es muy hispánica, útil, pero insuficiente. *Dictadura militar* también lo es, porque toda la sociedad civil quedaba incorporada en el sistema. Los que añaden «paternalista» se equivocan de dictadura. En cuanto al *fascismo*, la inspiración original no es dudosa, pero la referencia abierta depende del momento. Por supuesto, fue clara entre 1940 y 1943. Después se habló de *democracia orgánica*. La designación *nacionalcatolicismo* vino del exterior. La politicología está ávida de etiquetas. Durante el tiempo de la guerra (el único considerado aquí), hubo habilidad, sobre

---

* En castellano en el original. (*N. del t.*)

todo después de las decepciones militares de Madrid y de
Guadalajara, para transformar las desconfianzas posibles
en deseo instintivo de mando único. *En materia económico-
social*, el fascismo también hizo su aparición.

CAPÍTULO V

LOS DOS CAMPOS: ECONOMÍA,
SOCIEDAD, IDEOLOGÍAS Y CULTURA

La guerra civil determinó, en los dos campos, paradojas y contradicciones. El espíritu del pronunciamiento era,
sin duda alguna, socialmente conservador, ideológicamente
antiliberal (en el sentido «siglo XIX» de este término). En
el campo republicano, para algunos sectores, haber vencido
al ejército abría el camino a una revolución social y anarquizante. Pero en el ambiente de los años treinta, convenía
a las autoridades sublevadas, para tranquilizar al pueblo y
no chocar con el mundo, autodenominarse «sociales» sin
pronunciar la palabra «fascismo», y a las autoridades republicanas limitar las conmociones sociales para escapar de
la sospecha de «bolchevismo». Precauciones perfectamente
inútiles; la opinión mundial se dividió, salvo excepciones
limitadas, entre los que vieron en la República española
la libertad luchando contra el fascismo y los que vieron,
rápidamente encarnados en Franco, los viejos valores (*religión, familia, patria*) como blanco de las amenazas de

«Moscú». No estoy seguro de que las cancillerías no compartieran este esquematismo. Pero no hace falta decir que los debates del «Comité de No Intervención» son un modelo de hipocresía.

Hoy, visto con perspectiva, podemos preguntarnos si en España, durante el transcurso de la guerra, tomaron cuerpo nuevos modelos de sociedad y de instituciones. La respuesta es difícil porque en los dos campos muchos rasgos responden sencillamente a una situación *de guerra.* Es verdad que, en el campo republicano, el respeto de las formas políticas parlamentarias se acompaña de experiencias sociales revolucionarias, repentinas, profundas, pero *locales* y *efímeras*, más interesantes, pues, sociológica que históricamente. Por el contrario, en el campo franquista, todo tiende a asegurar sobre sus bases las estructuras de la vieja sociedad, pero gracias a un aparato institucional (militar, religioso, político, sindical) *que durará más de cuarenta años*, marcando fuertemente la historia de España a medio plazo. A decir verdad, entre 1936 y 1939, el sistema sólo empieza a dibujarse. No es inútil preguntarse de qué modo.

Economía y sociedad en la zona del «Movimiento»

a) *En materia económica* los generales sublevados no tienen, al principio, ni legalidad internacional ni recursos industriales. Tienen, eso sí, minas (Marruecos, Río Tinto) y la Castilla cerealista. En un año y medio, decreto tras decreto, adaptan su economía de guerra a las condiciones del capitalismo.

1.º)   Afirman su propia legalidad declarando delictivas las exportaciones de oro del gobierno (14 de agosto de 1936), y constituyen (14 de septiembre) su propio Consejo del Banco de España para cubrir una emisión de billetes, *anulando toda disposición agraria o salarial posterior al 12 de febrero de 1936* (25 de septiembre de 1936), y después (29 de diciembre de 1937), *toda operación financiera* en zona republicana *posterior al 18 de julio*. Todo esto, ciertamente, sólo concierne a aquellos que los reconocen (noviembre de 1936, Alemania e Italia). Pero las empresas privadas se apresuraron a mostrar sus preferencias por el campo del «orden».

2.º)   *La economía de guerra* de las Juntas (Burgos, Salamanca), después del gobierno formal de Franco (31 de enero de 1938), implica *embargos* (productos mineros, petroleros) y *controles* (precios y oro, 13 y 17 de agosto de 1936, moneda y billetes [14 de marzo de 1937]), comercio exterior (22 de diciembre de 1936 y 22 de enero de 1937), mercado del trigo desde el 29 de julio de 1936. El problema es saber, entre estas medidas, cuáles van a hipotecar un largo futuro.

3.º)   *La financiación de la guerra*, del lado franquista, es bastante conocida: una parte está asegurada por la inflación interna (los adelantos del Banco de España al Tesoro sumaron 10.100 millones de pesetas), sin olvidar donaciones y suscripciones (Gil Robles, Alfonso XIII,?). Pero la compra de armamento suponía endeudamientos, compensaciones; con Alemania, el papel principal lo tuvo la empresa HISMA (Hispano-Marroquí de Transporte) de J. Bernhardt, el nazi de Tetuán que había asegurado el primer contacto con Hitler, conectada con la ROWAK (Rohstoffe und Wareneinkaufgesellschaft) de Berlín. Después de la ocupación de Bilbao y Asturias, los alemanes aspiraron a una participación mayor en el capital de las empresas mineras. Les fue regateada. Pero, a pesar de la presencia de los intereses ingleses, los alemanes obtuvieron, después de Munich, hasta un 75 por ciento de participación en tres de las cinco sociedades mineras de la Montaña y el control de la Mauretania Mining Co.

Queda el problema de las deudas. Alemania exigió estrictamente su cobro. Mussolini fue más generoso, y él había avanzado los dos tercios de los valores prestados por el Eje (700 millones de dólares). Pero Franco había encontrado otras ayudas. La Texas Oil había proporcionado a crédito 1.886.000 toneladas de carburante; los propietarios de minas inglesas, a pesar de la amenaza alemana, siempre habían preferido el campo «nacional»; March, primer financiero de Franco, operó desde Londres (Kleinwort and Sons). En el interior, la banca privada obtuvo privilegios (17 de febrero de 1937). Por eso la peseta franquista fue preferida siempre, internacionalmente, a la peseta gubernamental, y las acciones de las empresas situadas en el campo del «orden» subieron como la espuma.

4.º) *Coyuntura y precios*. La coyuntura internacional y una cosecha excepcional en 1937 no impidieron que los precios de los alimentos subieran un 177 por ciento en el curso de la guerra. Como los salarios sólo habían aumentado un 20 por ciento, fue necesario establecer un conjunto de ayudas provisionales, de instituciones de caridad y de proyectos prometedores para combatir miserias demasiado visibles.

b)   En materia social, el texto que influirá más en un futuro próximo es el que creó (23 de agosto de 1937) el

Servicio Nacional del Trigo, que compra toda la cosecha, modula las primas y obliga a colocar en los bancos el producto de las ventas. *Dirigismo* y *ahorro forzado* favorecen a los grandes y medianos productores, los vinculan a los bancos y encuadran a los «propietarios muy pobres» (en la línea del sindicalismo católico castellano, pero bajo los cuidados del nuevo partido único [la Falange] y no ya de la CNCA).

Otro texto social, de más vastas intenciones, pero de aplicación menos inmediata, fue el *Fuero del Trabajo* (6 de marzo de 1938), inspirado en los «26 puntos» de la Falange y en la *Cárta di Lavoro* italiana. Debe convertirse en «ley fundamental» del régimen, pero en esa fecha no es sino una «Declaración de Derechos». Se pueden distinguir en ella: 1) afirmaciones tan vagas que se prestan a sonreír, como «*el trabajo no puede reducirse a un concepto material de mercancía*»; «*el Estado valora y exalta el trabajo otorgándole las máximas consideraciones*»; 2) el anuncio de medidas *defensivas y humanitarias* que, de hecho, existen desde hace largo tiempo, como la prohibición del trabajo de noche a mujeres y niños, el descanso *dominical*, el respeto de festividades religiosas y tradicionales, entre las cuales está la Fiesta del Trabajo (pero trasladada al 18 de julio); 3) se anunció *una legislación del trabajo*: limitación *razonable* de la jornada, salario mínimo *suficiente*, indemnizaciones familiares y vacaciones pagadas prometidas, pero no precisadas. Sin embargo, la proclamación del *derecho al trabajo* parece implicar, sin duda, una limitación a la libertad de despido para la industria, pero queda menos claro en el caso de la agricultura, puesto que se señalan las obligaciones estacionales, y se liga el nivel de los salarios a una eventual revalorización de los precios agrícolas. Se añade, es cierto, que la estabilidad de las rentas y el acceso de los trabajadores a la propiedad de la tierra permanecen como una *aspiración del Estado*.

Entre tanto, el trabajador movilizado recibía menos de una peseta al día y su familia un subsidio del mismo orden; durante el verano de 1938 apareció el *subsidio familiar*: 15 pesetas *al mes* por dos niños (nada por uno solo, 40 pesetas por cinco); la propaganda ensalzaba la blancura del pan, la abundancia de patatas; pero las miserias del momento —principalmente aquellas que se derivaban de la represión— contrastaban demasiado con ciertos lujos (hubo que frenar la manía de los banquetes) y obligaron a que los discursos oficiales predicaran la *austeridad* y la *caridad*. Se impuso el *plato único* dos veces al mes, precisando que ello no era una imitación de Alemania, sino una tradición española. Principalmente, el «Auxilio de invierno», ideado en Valladolid por la viuda de Onésimo Redondo, fue generalizado en «Auxilio Social», movilizando la caridad femenina y de la buena sociedad, pero encuadrada políticamente por la Falange. Esto no agradó siempre a la Iglesia que consideraba secularmente la caridad como dominio propio.

Tradición e *innovación*, ¿se aunarían? ¿Se opondrían?

c) *En materia ideológica* y en las *mentalidades* se perciben combinaciones múltiples. En Sevilla, un Queipo de Llano juega al perfecto «caudillo» a la americana, de una brutalidad inaudita en la represión, pero populista, incluso «justicialista» en sus discursos y en sus gestos sociales (distribución de alojamientos, denuncia de personajes conocidos); innova en materia de utilización de la radio, consiguiendo una audiencia excepcional con sus excesos verbales; pero, al cabo de veinte meses, Franco, a quien estorba su excesivo protagonismo, «silencia» a Queipo, y cuando otro general —Yagüe— se permite, el 19 de abril de 1938, recomendar la clemencia para con los «rojos» extraviados, quizá «futuros camaradas», así como para los «viejos camaradas» (es decir, los falangistas de Hedilla en prisión), se le destituye del mando. ¿Franco no era, pues, nada más que un autoritario puro y duro?

Está claro que él identifica espontáneamente, como un buen militar de pronunciamiento, el triunfo de su poder personal con el de una cierta idea de España, intelectualmente confusa, pero emocionalmente viva, en la que se mezclan la imagen del «imperio donde no se ponía el sol», la de una resistencia a la sospechosa Ilustración del siglo XVIII y a las revoluciones inquietantes del XIX, el espectro de los «Desastres» (Cuba 1898 y Marruecos 1921) que hay que conjurar y, en fin, el odio a los separatismos vasco y catalán. Este complejo es el de todos los conservadurismos españoles —aristocrático, burgués, pequeño burgués, eclesiástico y, en ciertas regiones, campesino—, sacudidos por la revolución político-espiritual de 1931 y las amenazas sociales de 1934 y 1936.

Ahora bien, en el momento en que la denuncia *conjunta* del bolchevismo y de la democracia triunfa en una Alemania y una Italia que parecen tener el viento en popa, si España adoptase su modelo, ¿por qué no darle un lugar en el mundo, menos limitado de lo que consienten desde hace siglos una Inglaterra y una Francia desdeñosas por haber estado demasiado tiempo llenas de celos?

Franco es demasiado realista para esperar mucho del futuro en tales terrenos. Pero conoce el impacto sobre las almas sencillas de fantasmas alternantes como la gloria y el miedo. Es demasiado poco sutil intelectualmente (y no es el único en Europa) como para inquietarse por las contradicciones entre conservadurismo engolillado y modernidad nacionalsocialista, y para distinguir, en la cumbre de las democracias, entre cegueras de clase y conciencia posible de los peligros. Por lo demás, después de todo, esta confusión le proporcionará éxito; aceptará, en su entorno, los signos del fascismo: gestos (brazo tendido), gritos («Arriba España»), vocablos (nacionalsindicalismo), pero también utilizará en Inglaterra el prestigio de hombres y medios distinguidos, que sueñan con el restablecimiento de una monarquía española conservadora. Toda ideología le parece buena, si le asegura el encuadramiento moral de sus retaguardias militares, mientras espera el del Estado futuro.

Primer encuadramiento que obtiene, a la vez ideológico y mental: el de la Iglesia. Que la jerarquía católica, ante la persecución de los sacerdotes y la prohibición del culto en zona republicana, haya predicado «la cruzada» no es sorprendente. Pero el documento citado frecuentemente por este motivo —la «Carta colectiva» del episcopado español (1 de julio de 1937)— no me parece significativo. Es un alegato *tardío* contra los medios (restringidos) que, en el extranjero, acusaban a la Iglesia española de haber *tomado el partido de los ricos*. La Iglesia no había tenido que «tomar partido». Desde siempre se *confundía* con los poderosos en España. Sin tomar parte, materialmente, en la sublevación, le había asegurado muchas veces la logística, y, allí donde triunfó el «Movimiento» se materializó de nuevo la imagen de una España «tierra de Inquisición» cuya caricatura había sido largamente —y absurdamente— difundida por el anticlericalismo internacional.

La presencia del clero en las ceremonias, en el ejército, en las prisiones, en los paredones, simbolizó en sus aspectos más duros la unión de lo político y de lo religioso, del Estado y de la Iglesia. La vida personal del español (bautismo, casamiento, pautas de conducta...) dependió de nuevo del aparato eclesiástico (uniones recientes fueron anuladas); y el cura del pueblo o el canónigo catedralicio verificaron no solamente la asistencia a misa y la participación en los sacramentos, sino la presencia de medias en las piernas de las feligresas y de las turistas. Todo ello durará bastantes años. No todos los sacerdotes españoles habrán estado de acuerdo con esto; algunos, más tarde, me han contado sus escrúpulos. Pero otros estuvieron encantados. ¿Cómo habría podido ser de otra forma, cuando Franco —aunque su pasado no parecía anunciarlo— multiplicaba los signos de devoción exterior, se rodeaba de reliquias, devolvía a la Virgen del Pilar el uniforme de capitán general y se sumía en oración antes de las decisiones importantes en presencia de los más altos prelados (era su forma de consultarlos)?

La aplicación del término «cruzada» al «Movimiento» no estaba, pues, infundada, aunque «los moros» hayan sido las tropas de choque. Dios fue siempre invocado juntamente con la Patria. «Nacional-catolicismo», término inventado más tarde y desde fuera, tiene su razón de ser. Pero de todas formas, entonces y oficialmente, el término era *nacional-sindicalismo*, y ello, en 1936, era una alusión a cosa bien distinta que la Iglesia. ¿Se trata de un *fascismo*? ¿Cómo no reconocerlo, a pesar de las distancias tomadas más tarde con respecto a la etiqueta? Se condena al mismo tiempo al capitalismo y al marxismo, pero sin renunciar al primero; el *Estado* asume la *Nación*, valor supremo, gracias al encuadramiento por el partido (único) y la juventud (militarizada).

Algunas referencias son más españolas: Ortega y Gasset, el «cirujano de hierro» de Costa, «el imperativo poético» de José Antonio, estudiante de la «generación del 27». Pero estos orientadores de conciencia fueron los primeros en desaparecer, y la masa engullida en la Falange, más que una ideología, asimiló una mentalidad: amor al uniforme, mando y obediencia, dictaduras de barriada.

El único buen conocedor de Italia, Giménez Caballero (fundador, en 1931, de *La Conquista del Estado*) se atreve a decir, de paso, que la lucha de clases sólo se resolverá gracias a las conquistas exteriores, en provecho de los patronos; por el contrario, un Hedilla, único jefe de condición modesta, quizá pudo creer en una Falange popular, pero los conservadores rápidamente denunciaron (y eliminaron) este «*fai-langismo*». ¿Qué es, pues, el nacional-sindicalismo? Leamos el capítulo 13 del *Fuero del Trabajo*: «Parr. 2: Todos los factores de la economía serán encuadrados por ramas de producción y de servicios en "sindicatos verticales". Parr. 5: El sindicato vertical es un instrumento al servicio del Estado. Parr. 4: Las jerarquías del sindicato recaerán necesariamente en militantes de FET y de las JONS...». *El encuadramiento social* es total. Se puede pensar en el corporativismo salazariano. Pero, si el sistema queda encerrado en una red militar y policial, ¿cuál es la diferencia con el fascismo?

¿Y la *formación intelectual*? Se controló al mundo estudiantil (por el SEU: Sindicato Español Universitario). Se depuró el cuerpo docente (10 de diciembre de 1936) y el de Bibliotecas (16 de septiembre de 1937). Un plan de enseñanza media (23 de septiembre de 1938) privilegió la religión y la ideología de «la Hispanidad». Se puso a concurso (29 de septiembre de 1937) un *Libro de España* destinado a perpetuar entre los jóvenes *el espíritu de las trincheras*, contra un enemigo en absoluto de «circunstancias», sino *tan permanente y vigilante como el mal en sí mismo.*

Pero, en la zona del «Movimiento», ¿qué fue de los intelectuales de las generaciones de 1898, 1912, 1927, gloria de la República? Se conocen los dos dramas iniciales: el asesinato en Granada (19 de agosto de 1936) del joven poeta por excelencia, Federico García Lorca, en la vorágine de una represión ciega (el franquismo tendrá dificultades para explicarlo), y en octubre, a la vuelta a su Universidad de Salamanca, el más grande de los «supervivientes» de la generación del 98, Unamuno, que había elogiado el «Movimiento» y a quien cortejaba la Falange, estalló de pronto contra el general Millán Astray (el del *¡Viva la Muerte!* y *¡Muera la Inteligencia!*), a quien reprochó compensar su mutilación con su crueldad; reivindicó las patrias catalana y vasca y concluyó «venceréis, pero no convenceréis». Confinado en su casa, murió en ella al cabo de algunas semanas.

Como las grandes instituciones culturales tenían su sede en Madrid, Franco creó, para los académicos presentes en su zona, un Instituto de España:

¿Juráis [se les pidió] en Dios y en vuestro Ángel Custodio servir perpetua y lealmente al de España, bajo Imperio y norma de su Tradición viva; en su catolicidad, que encarna el Pontífice de Roma; en su continuidad representada por el Caudillo, Salvador de nuestro pueblo?

Manuel de Falla, enfermo, se excusó. Pío Baroja supo escabullirse. Sólo Eugenio d'Ors se adaptó de entre los grandes de antaño, pues no se puede contar entre ellos a José M.ª Pemán, «poeta de la cruzada». Los jóvenes (Ridruejo, Laín Entralgo, Santa Marina) eran más sinceros, y un erudito en la línea de Menéndez Pelayo, Pedro Sainz Rodríguez, primer ministro de Educación de Franco, creía, sin duda, que la inflación verbal sólo era una necesidad de guerra, ya que, acabada la misma, se exilió junto a Juan de Borbón, en Portugal. La endeblez de la creatividad cultural había de ser característica del franquismo.

ECONOMÍA Y SOCIEDAD EN LA ZONA REPUBLICANA

a)   Económicamente, el campo republicano parecía favorecido al principio, porque tenía las minas asturianas, las industrias catalana y vasca, el levante agrícola exportador. En la práctica, nunca tuvo el norte; incluso antes de haberlo perdido militarmente. Y sin las regiones cerealistas, ¿cómo alimentar a Madrid, Barcelona, Valencia, superpobladas de refugiados? ¿Quién proporcionará las materias primas y la energía a las industrias?

No fue difícil financiar las compras exteriores (armamento) debido a la reserva en metálico del Banco de España (la cuarta de los estados occidentales, gracias a la guerra de 1914); 630 toneladas de equivalente en oro fino. El 27,4 por ciento de este tesoro (174 toneladas de oro fino, 195 millones de dólares) fue negociado y utilizado en Francia; el resto, puesto a cubierto en Cartagena, al principio (septiembre de 1936) fue expedido a Moscú (noviembre de 1936 a marzo de 1937); 460 toneladas de oro fino, 518 millones de dólares. ¡Magnífico tema de propaganda para cuarenta años de franquismo! Hoy en día sabemos cómo se gastó ese tesoro en las necesidades de la guerra, comprendidas las compras en los mercados occidentales por intermedio de los bancos soviéticos de París y Londres. El gobierno había movilizado asimismo las reservas metálicas privadas y limitado los reintegros bancarios, no obstante, sin nacionalizar la Banca ni tocar los bienes extranjeros. Los gastos internos y las inversiones quedaron cubiertos por la inflación. La peseta oficial se hundió.

Es difícil calcular los índices económicos globales para el campo republicano, a causa de las disparidades regionales. En Cataluña se dispuso de cifras, mientras funcionaron los servicios autónomos. Tomando enero de 1936 como base 100, la producción industrial cae a 65 en el último trimestre de 1936, oscila alrededor de esta cifra para los nueve primeros meses de 1937, cae por debajo de 50 en la primavera de 1938 y por debajo de 30 en otoño. Las necesidades bélicas impulsan a la industria metalúrgica, mientras que se vienen abajo el sector textil y la construcción, faltos de clientela; sobre todo, en 1938, las centrales hidroeléctricas pirenaicas, ya en manos franquistas, dejan de alimentar de energía a Barcelona. A pesar de la movilización, hubo parados, al menos parciales, en todas las industrias.

La producción agrícola catalana (asimismo la mejor conocida) registra fuertes caídas en los granos y el vino, y mejores cifras para la patata, el aceite, las legumbres. Eso no basta para una población urbana dominante. La escasez de alimentos en Barcelona, penosa desde la primavera de

1937, se hace trágica al final de la guerra. Peor es en Madrid, aunque la situación no es buena en ningún punto de la zona republicana, a pesar de una cosecha de trigo satisfactoria en 1937 (nueve por ciento más que en 1936, pero contra un 17 por ciento en la zona franquista). La zona levantina consigue sacar algunas divisas de la exportación de sus agrios y de sus frutos tempranos.

Con estos resultados, estimados aproximadamente, ¿puede hablarse, en la zona gubernamental, de «política económica» propiamente dicha? No olvidemos que no puede contar con Asturias ni con el País Vasco, y que Cataluña actúa de forma totalmente autónoma hasta el verano de 1938. Bajo el impulso del *conseller* Josep Tarradellas, se intenta establecer, gracias a la infraestructura industrial regional, una *producción de guerra,* creando o transformando una veintena de empresas (unos 50.000 obreros) para ello. Esta industria fue *nacionalizada* (en toda España) en agosto de 1938, cuando desaparecían los principales medios para alimentarla.

En cuanto al *crédito* y a la *moneda,* la política económica sólo podía ser inflacionista a todos los niveles. La escasez de moneda fraccionaria suscitó una floración, a veces pintoresca, de billetes y de bonos locales.

En Cataluña, la subida de los precios, allá donde ha podido ser cifrada, fue del orden del cinco al seis por ciento *por mes* entre julio de 1936 y marzo de 1938; los precios al detalle de los alimentos figuraban a la cabeza mientras que los salarios no corrían parejos. El papel de paliativo de la miseria, que en la zona franquista ejercía la caridad, lo desempeñaron en la zona republicana las solidaridades de base: cantinas de empresa, cooperativas locales, salarios familiares. Todo esto es poco original en una *economía de guerra*. Pero hay que reconsiderarlo en una *situación de revolución social*.

b) Una revolución social

1. Colectivizaciones industriales:

La criminal sublevación militar del 19 de julio, ha producido un trastorno extraordinario a la economía del país. El Consejo de la Generalidad tiene que atender a la reconstrucción de los estragos que ha causado a la industria y al comercio de Cataluña la traición de los que intentaron imponer en nuestro país un régimen de fuerza. La reacción popular producida por aquella sublevación, ha sido de tal intensidad, que ha provocado una profunda transformación económico-social, los fundamentos de la cual se están asentando ahora en Cataluña. La acumulación de riquezas en manos de un grupo de personas cada vez más restringido, iba seguida de la acumulación de miseria en la clase trabajadora y por el hecho que aquel grupo para salvar sus privilegios no dudó en provocar una cruenta guerra, la victoria del pueblo equivaldrá a la muerte del capitalismo.

Este preámbulo del «Decreto de colectivizaciones», de la Generalitat de Cataluña (24 de octubre de 1936), expresa bien la imagen que reinaba en la región más industrial de España después del 19 de julio. El 13 de agosto fue constituido un Consejo económico sin poder real. Pero estuvo formado por representantes (y no de los menos importantes) de todas las fuerzas políticas y sindicales, desde el POUM y la FAI, hasta los partidos republicanos catalanes (Esquerra Republicana), e incluso moderados (Acció Catalana). Cuando se hubo impuesto una cierta autoridad política a la floración de comités, el Consell creyó poder dar un fundamento jurídico a las transformaciones espontáneas experimentadas por la sociedad y por la economía. El preámbulo citado expresa una especie de consenso de las fuerzas sociales representadas; los elementos revolucionarios cuentan, visiblemente, con ratificar una revolución todavía multiforme en la base, pero que cada uno espera que se generalice según su modelo. Los elementos republicanos no socialistas se resignan a legalizar «la muerte del capitalismo» en la esperanza de preservar algún lugar para la pequeña empresa y para la simple «economía dirigida» (que el estado de guerra impone y que, por otro lado, está entonces muy de moda en Europa). Por supuesto, cada uno conoce las intenciones de los demás, y desconfía de ellas. Sin embargo, según el testimonio de ciertos participantes, al principio hubo un respeto mutuo que no sobrevivió a los «sucesos de mayo» (1937) y a la intervención creciente del poder central en las instituciones catalanas. A decir verdad, lo que hacía más fácil, en octubre de 1936, aceptar la hipótesis de una revolución, incluso para los no revolucionarios, era que tal revolución *ya se había hecho* espontáneamente.

El movimiento militar había sido combatido a través de la *huelga general*. La guerra movilizaba a los obreros militantes. ¿Quién aseguraría la producción? Una monografía nos muestra obreros visitando tímidamente su fábrica, el 21 de julio; el día 25 ya eran más numerosos; el 5 de agosto ya trabajaban. Es verdad que los poderes habían anunciado medidas espectaculares; Malraux ha descrito a los pobres de Madrid recuperando sus colchones en los montes de piedad; los alquileres moderados descendieron a la mitad; en Barcelona, el Consell decretó (21 de julio) una subida del 15 por ciento en todos los salarios, la semana de 40 horas (27 de julio) y el pago de los días de huelga. El gran sindicalista Peiró (que sería, en noviembre, ministro de Industria) denunció estas medidas, después del 6 de agosto, como «demagógicas», imprudentes. Pero, ¿se podía prescindir de símbolos movilizadores y prometer menos de lo que en el campo social habían conquistado los obreros franceses el mes anterior?

La inmediata recuperación de la producción y de los servicios es, en todo caso, sorprendente, si se considera que, en la inmensa mayoría de los casos, *los patronos ya no estaban presentes*. El interés de la experiencia es ciertamente *la autogestión espontánea de la empresa*. Es verdad que los directores, unos por prudencia y otros por sentido de la responsabilidad, hicieron frecuentemente acto de presencia, salvo ciertos jefes de personal o capataces que se sabían particularmente detestados. Los técnico fueron respetados por su «saber» necesario, los gestores fueron más discutidos. Obligados a sindicarse, los «cuellos blancos» prefirieron los sindicatos de empleados, o la UGT, a la CNT. Hoy se sabe que ciertos mandos conservaron hasta el final de la guerra el contacto con los patronos huidos. Los obreros tenían sus dudas. «Un perro que sabe quién es su amo —decía una de ellos— seguirá siendo un perro.»

De todas maneras, funcionaron comités obreros de control (COC), y frecuentemente, consejos de empresa con funciones más amplias. De esta manera, cuando la Generalitat publicó el «Decreto de colectivizaciones», intentaba tan sólo organizar una situación de hecho, generalizándola. El decreto disponía la obligatoriedad de la «colectivización» en tres casos: 1) en caso de abandono de la empresa por el patrono, o de una implicación de éste en el «complot faccioso», verificada por un tribunal popular; 2) para toda empresa de más de 100 asalariados; 3) para cualquier empresa en la que una asamblea general mixta (patronos-asalariados) así lo requiriera.

Pero, ¿qué quiere decir colectivización? La *incautación* (embargo, requisa, confiscación) que se llevó a cabo a todos los niveles, carecía de base jurídica; «colectivización» tenía un sentido más social, más vago; la CNT esperaba una *socialización* (con control de los sindicatos, federados por ramos); la UGT y los comunistas (frecuentemente, en el PSUC catalán, simples socialistas de origen) pensaban sobre todo en *nacionalización* (derecho de control de los poderes públicos sobre la empresa y planificación en la cumbre); finalmente, una rica tradición incitaba a los catalanes moderados a alentar la forma *cooperativa* (algunos anarquistas no la rechazaban).

Sentimos la tentación de preguntarnos si la colectivización, concebida de manera tan incoherente «funcionó» o «no funcionó». ¿Cómo responder? Es peligroso generalizar los casos conocidos a través de monografías, y los resultados globales de una economía de guerra no son un testimonio claro sobre el modo de funcionar de las empresas colectivizadas.

Grandes empresas y grandes servicios recobraron rápidamente sus actividades, reestructurando sin demasiados enfrentamientos sus relaciones internas (horarios, salarios...); para más de uno, aquello era una simple «municipalización».

Las empresas más pequeñas plantearon otros problemas: indemnizaciones a los propietarios, fusiones (la CNT se inclinaba por una modernización por concentración). Las empresas medianas (de 50 a algunos centenares de asalariados) tuvieron destinos muy diversos; se suele citar las que volvieron a manos de los patronos, en 1939, con existencias, herramientas e incluso contabilidad en orden perfecto. Pero los equilibrios financieros sólo se habían conseguido a través de la *financiación pública* (créditos) y del juego de organismos reguladores (sobre todo por lo que hace a los salarios) creados por la Generalitat. De hecho se trató de un proceso inflacionario.

La crisis y el paro habían afectado principalmente a las industrias de consumo (textil), en tanto que la producción de guerra mantenía mejor su mano de obra, pues se le pedía un mayor esfuerzo. Cantinas, cooperativas, salarios familiares generalizados, hicieron la vida más fácil al obrero metalúrgico que a la media de la población: es una verdad de tiempos de guerra.

Es necesario tener en cuenta que esta experiencia es ante todo catalana. El Madrid sitiado sólo tiene el tres por ciento de las empresas españolas colectivizadas. El caso de Asturias es mal conocido. El País Vasco no alteró el estatuto de la empresa. Pero la otra experiencia revolucionaria —y que domina territorialmente— es una *extensa colectivización de la producción agraria*.

2. *La colectivización agraria*. El problema agrario español, como hemos visto, era variado. Ahora bien, la mayor parte de la Andalucía del latifundio, la Galicia del minifundio, la Castilla de los «propietarios muy pobres» escaparon rápidamente del control del gobierno. Pero le quedaba, incluso en Andalucía, y sobre todo en Extremadura, Castilla la Nueva, La Mancha, Aragón, vastas exten-

siones en las que la masa campesina estaba ávida de tierras desigualmente explotadas. En Levante, en Cataluña, el cultivo intensivo planteaba otros problemas (arrendamientos, mercados, etc.).

En este mosaico, el fracaso del pronunciamiento suscitó el «comunalismo» de los comités, cuyos rasgos políticos hemos señalado ya. Socialmente, en los núcleos rurales donde se concretaban y se personalizaban las contradicciones agrarias, se revivieron viejas manifestaciones: incendios de registros de la propiedad, asaltos de los casinos de la alta sociedad, ejecuciones de caciques que personificaban la vieja opresión, las viejas capitulaciones. Pero esta «*suma de luchas de clases vividas en mil microcosmos urbanos*» (Maurice Agulhon) ¿determinó una verdadera revolución agraria? Las controversias retrospectivas han sido alimentadas con harta frecuencia con argumentos doctrinales o partidistas, a partir de monografías *idílicas* o *apocalípticas*.

¿Está más claro hoy en día? No es inexacto que surgieron diferencias entre autoridades del Estado, de una parte (Instituto de Reforma Agraria [IRA] y Ministerio de Agricultura, presidido desde el 4 de septiembre de 1936 hasta el fin de la guerra por el comunista Uribe), y, de otra, el Consejo de Aragón anarquista y las federaciones campesinas, no solamente las de la CNT, sino también las de los Trabajadores de la Tierra (FNTT) del socialista de izquierda Zabalza. Estas organizaciones se interesaban por mantener, y por federar, las primeras colectivizaciones, en tanto que la dirección comunista recomendaba el respeto a la pequeña propiedad y una reforma agraria organizada desde arriba.

¿Significa esto (como se dice con frecuencia) «revolución» del lado anarquista y «contrarrevolución» del lado gubernamental y comunista? Es verdad que los comunistas vacilaron doctrinalmente; en principio condenan la propiedad privada de la tierra, y luego tienen que apelar, de vez en cuando, al «estajanovismo» de los campesinos. Pero gustaban de recordar que la colectivización soviética llegó tarde, que en España no se estaba todavía en esa etapa y que había que evitar la colectivización «forzada». Dicho esto, confirman de hecho, desde el poder, la revolución de las relaciones agrarias, aplazada por la República y espontáneamente iniciada, desde febrero de 1936, por muchos campesinos. Se imponen algunas observaciones:

1.°)   Desde el mes de agosto las medidas sobre los arrendamientos y, *el 7 de octubre de 1936, el gran decreto sobre la tierra* legalizan la expropiación de tierras poseídas (o abandonadas) por los facciosos y su reparto entre los campesinos, con preferencia para los combatientes; las asambleas de los pueblos deciden la forma (individual o colectiva) de su explotación. Los socialistas habían introducido la palabra *nacionalización* de la tierra; los anarquistas, como para la industria, habrían preferido la *socialización* (apropiación por las federaciones de sindicatos). Reprochaban al decreto (expropiación *por sanción* o *utilidad*) que no condenara *la propiedad en sí misma* y que dejara colgada la amenaza de revisión de las expropiaciones espontáneas. Temían que el IRA distribuyese sus ayudas (herramientas, créditos...) con parcialidad, aunque no parece que haya sido este el caso.

2.°)   En marzo de 1937 y después a mediados de 1938, el IRA mismo dio su evaluación estadística de los resultados: 2.163.402 hectáreas expropiadas por responsabilidades políticas, 2.044.143 hectáreas por razones «de utilidad social» (el avituallamiento de Madrid, por ejemplo, justificaba las requisas), finalmente 1.252.340 hectáreas ocupadas directamente por los campesinos, que eventualmente, podían ser revisadas. De este conjunto (5.458.885 hectáreas) 2.928.975 eran explotadas colectivamente (Cataluña excluida). No se trata de una revolución pequeña.

3.º) Dicho todo esto, si se desciende a los detalles, la interpretación de las cifras continúa siendo difícil. La relación tierras explotadas/superficie útil puede variar de 5,5 por ciento (Castellón) a 65 por ciento (Jaén). La relación superficie colectivizada/superficie expropiada, de 8,4 por ciento (Granada), a 92,2 por ciento (Ciudad Real). El beneficiario del reparto recibe como media seis hectáreas en Alicante, 140 en Badajoz (pero, ¿qué le quedaba al IRA de Granada o de Badajoz?). Un esfuerzo reciente, meritorio (Bernecker), para caracterizar la colectivización en 382 localidades no es menos decepcionante; con frecuencia no se dan indicaciones cualitativas (intercambios, moneda, fondos sociales); y, en cuanto al número de los colectivizados o de las tierras afectadas, se dan demasiadas cifras redondeadas a las centenas, incluso a los millares, lo que pone en duda la calidad de las fuentes (fragmentos de prensa...). Algunos casos dan la impresión de ser experiencias limitadas, contempladas por gentes indiferentes.

4.º) Para emitir un juicio, ¿habría que escoger, tal vez, las *monografías descriptivas*? Las que datan de 1936-1938, debidas a militantes exaltados o a visitantes indulgentes, son *útiles como testimonio*; pero no son sino *casos*, juzgados parcialmente. Allí donde algunos no ven sino solidaridad y moral, el comunista Líster, al sur del Tajo o en Aragón, no señala más que tiranía, malversaciones y caos.

¿Diremos entonces, con César Lorenzo, que entre las colectivizaciones de Aragón «unas funcionaban bien y otras mal, según las capacidades y la preparación de quienes las animaban...», o, con Broué y Témime, que «la verdad, sin duda, debe encontrarse a igual distancia de la pintura rosa del paraíso libertario de Souchy y del negro cuadro del infierno anarquista de *Frente Rojo*» (periódico comunista)...?

¡Pues estamos apañados!

Otros trabajos más recientes, basados en la historia oral, descubren paradojas inesperadas: en una comuna de Aragón, donde los pequeños campesinos habían escogido seguir siendo «individualistas» (la colectivización no había sido, pues, impuesta) la mayoría de los «colectivizados» estaba formada por familias de *kulaks* ejecutados en agosto por la columna anarquista, puesto que en las primeras semanas hubo en Aragón «vaivenes» entre los dos tipos de poder (con los dramas que se podrá imaginar).

5.º)   La conclusión más prudente sería sin duda distinguir entre *el interés psicosociológico de algunas experiencias y la endeblez de cualquier construcción histórica que se quiera sustentar sobre ellas.*

Que Calanda (5.000 habitantes), patria de Buñuel, haya podido vivir en comuna casi autosuficiente, sin moneda, abasteciéndose cada uno «según sus necesidades», con buenos hospitales, buenas escuelas, es una cosa. Otra distinta es alimentar grandes ciudades y los ejércitos. Teóricamente, cada comuna cubría sus necesidades y reservaba los excedentes para las comunidades superiores (comarca, región), pero pronto se cayó en la cuenta de que existían egoísmos, patriotismos, incluso proteccionismos de pequeños grupos. La producción no se resintió necesariamente de ello a nivel local. Los cultivos se extendieron. Se consiguieron buenas cosechas, gracias a las mujeres y a veces a los soldados. Pero no existió ningún planteamiento de economía general.

Por otra parte, conviene no imaginar la colectivización como una reacción exaltada seguida de desilusiones rápidas. Fue *al principio*, sobre todo cuando se manifestaron desorientaciones, el «no saber». Los éxitos, las consolidaciones vinieron después. En Aragón, la disolución de comunidades que se habían considerado impopulares fue seguida de reconstrucciones espontáneas. Por otra parte, la prensa partidista (fuente demasiado exclusiva) exagera, sin duda, las divisiones. De hecho, de 2.213 comunidades censadas, sólo 283 dependían exclusivamente de la CNT, 823 de la UGT, 1.103 eran *mixtas* (UGT-CNT). Las líneas divisorias entre autogestionarios puros y partidarios de la autoridad, o del compromiso, podían pasar por el seno de una misma formación.

La diversidad no sólo era regional, sino que también estaba presente en el seno de las regiones. Cataluña, feudo de la CNT, pero tierra de campesinos sólidamente asentados, conoció comunidades agrícolas en pleno suburbio barcelonés; y el único choque sangriento (tardío) entre campesinos individualistas y anarquistas partidarios de la colectivización tuvo lugar en Fatarella, lejos, al Oeste.

En el País Valenciano aparece la misma complejidad. Un pueblo «protoindustrial» como Alcoy, de pasado cantonalista, hizo su propia revolución. Hay pueblecitos que, por tercera vez desde 1931, proclamaron el «comunismo libertario». Ahora bien, el problema regional era: *¿se podrá exportar la naranja?* «Naranja es oro», se decía. 275 consejos locales de exportación frutera (CLUEF) se federaron en el CLUEA (Consejo Levantino Unificado de Exportación de Agrios). Éste debía entregar al gobierno las divisas que obtenía y se le pagaba en pesetas un tanto para remunerar a los productores. Que este CLUEA, de dirección anarquista, hubiera encontrado dificultades, técnicas y económicas; que hubiera exportado menos del promedio (si bien fueron 180 millones de pesetas), no es nada sorprendente. Pero se atacó su gestión. La campaña 1937-1938 se confió a un organismo del Estado y a una federación campesina (comunista). Esta vez el sistema fue acusado de haber reconstruido una clásica red comercial. El episodio ha sido bien estudiado. Pero no es más que un episodio.

Sería tanto más aventurado sacar conclusiones, cuanto que jamás se impuso en el campo republicano ninguna visión global coherente de la economía.

3. *Ideologías, mentalidades, cultura.* En efecto, en el campo republicano no hay ni doctrina ni ideología común, El marxismo que sus adversarios le atribuyen es una caricatura, que se ha de descubrir en ciertos «catecismos anticomunistas», dignos de los catecismos antiliberales de 1820. De hecho, el anarquista cree en la espontaneidad de las masas, el anarcosindicalista en los sindicatos, el comunista ortodoxo (frecuentemente neófito) en la República democrática como etapa (interrumpida por los generales) hacia un ideal en el que se mezclan la III Internacional, la amistad soviética, la guerra patriótica, conjunto sin pretensión teórica, pero de una gran eficacia pasional, cuando se encarna en la excepcional personalidad de una Dolores Ibárruri (*Pasionaria*). EL POUM, algo trotskista sin serlo del todo, se cree capaz él solo de repetir la Revolución de 1917.

Existe un socialismo izquierdizante, antiautoritario, que preferiría las «guerrillas» a los «regimientos», la autogestión a la planificación, y un socialismo jacobino que querría «hacer la guerra». Existen simples republicanos, apegados a la legitimidad de su causa y a las libertades, conscientes de que la propaganda franquista no les agradece en lo más mínimo su moderación social. Si se añaden las desconfianzas omnipresentes entre el gobierno central y los patriotismos catalán y vasco, se convendrá en que no es posible definir *ideológicamente* (y menos aún «doctrinalmente») el campo gubernamental que, con frecuencia, se escinde.

Pero lo cierto es que «la España republicana» resistió, se mantuvo y duró. Quizá se abusara, entre 1936 y 1939, de vocablos como «resistencia popular» o «pueblo español». Y no nos gustaría quedarnos solamente en las palabras. Sin embargo, es cierto que al haber exorcizado la frase: «No se puede con el ejército»,* una cierta España se sintió comprometida en un combate decisivo, en un proceso vital.

En principio, hay una verdad *de clase*. La España de los trabajadores e incluso, sencillamente, la España *de los pobres* realiza un sueño, quizá milenario, al menos centenario (el fourierismo tiene 100 años). No hay *teoría* de esta revolución (la guerra no inspira, en este terreno, ninguna obra importante). Pero existe, en la base, *un ansia de derrocamiento (deposuit potentes de sede, et exaltauit humiles)*. Es una simbología sin edad, pero con distintas expresiones.

Mi amigo, el geógrafo Pau Vila, que quiso aprovechar las colectivizaciones para constituir un fondo de archivos

---

* En castellano en el original. (*N. del t.*)

de empresas que hubiera sido único en el mundo, tropezó con dos mentalidades: unos comités habían quemado los archivos de empresa, como en Francia, en 1789, se habían quemada los archivos señoriales; otros se resistían a separarse de ellos, como nuevos «propietarios» que eran. Una actitud tradicional, una actitud nueva. En todo caso, una revolución.

Pero incluso importantes capas burguesas, o intelectuales, que consideraban pueril decir *salud* en lugar de *adiós* al despedirse, o ver cómo se eliminaban los santos de toda la toponimia (singular fuente de confusiones, habida cuenta de la profusión existente) tenían sus propias razones, en unos casos intelectuales y morales, en otros nacionales, para temer una vuelta a la España de antes de 1931, a sus retrasos, a sus estrecheces, a sus presiones religiosas, a sus terrores policiales. Todo lo que se sabía de la España de Franco confirmaba o agravaba estas imágenes.

Añadamos que el recurso a las tropas coloniales, a las columnas italianas, a la aviación alemana, a los bombardeos masivos de poblaciones civiles, sembraron el miedo, pero también la rabia. Es verdad que la duración de la guerra, las privaciones, los pronósticos sombríos, minaron progresivamente el espíritu de resistencia de la población, incluso el de algunos soldados en los frentes inmovilizados en una «*drôle de guerre*». Pero muchos auténticos combatientes no se abandonaron al desánimo ni siquiera en las últimas horas. Un oficial republicano español, en retirada en la frontera de los Pirineos, le dijo a un oficial francés que lo trataba con desprecio: «*Os deseo que resistáis tanto tiempo como nosotros*». En junio de 1940 tuve ocasión de pensar largamente en él.

De hecho, en la reconstrucción de las «mentalidades»

es necesario pensar en la guerra de España como *anticipación de las resistencias europeas*. Ningún proyecto coherente, pero *un rechazo claro*. Los «republicanos españoles» (como se decía) eran *antifascistas*. La diplomacia evitaba el término, demasiado popular, considerado indecente en Londres, en Ginebra, en Munich. Pero en las grandes corrientes de opinión, la guerra de España («*the passionate war*» para un autor norteamericano) se convirtió rápidamente, además de en un hecho político, en *un hecho cultural muy importante*.

Hecho cultural *interno*, en primer lugar, por supuesto. Contrariamente al modelo forjado por los eslóganes franquistas, la expresión propagandística republicana se fragmentó con los diversos poderes. Milicias, regimientos, empresas, sindicatos, tuvieron sus periódicos, sus octavillas, sus pasquines. No sin peligro político. ¡Pero qué variedad! Se ha abusado, quizá, de este voluminoso material como fuente de los *hechos* y de los *pensamientos*. Habría que cuestionarse *lo imaginario*, y también no olvidar que muchos soldados del frente y muchas mujeres en la retaguardia *no sabían leer*. Se alfabetizó, pues, en las fábricas, en las trincheras, en los hospitales. Se hicieron representaciones teatrales y se compusieron y leyeron poemas.

La pasión antirreligiosa de los primeros días había puesto en peligro obras de arte, documentos y libros en las iglesias y en los conventos. Para salvarlos, «explicando» por qué, se movilizaron los dirigentes culturales. Luego vinieron los bombardeos. Cuando alcanzaron, en Madrid, el palacio de Liria y amenazaron el Prado, el gobierno decidió transportar las obras maestras a Valencia. Un responsable de la operación me contó sobre sus emociones, nocturnas, en la soledad de unos bosques, entre los camiones donde dormían la *Venus* de Ticiano, la *Maja desnuda* de Goya. Existen epopeyas culturales.

En cuanto a las personas, la propaganda franquista habló mucho de un holocausto de intelectuales. Al principio, inventó víctimas (Benavente, los Quintero, junto al célebre guardameta Zamora). Más tarde (1953) proporcionó una lista más seria de 174 nombres. En ella aparecen ciertos rasgos de la represión: una inmensa mayoría de periodistas de provincia evidencia el papel de los rencores políticos *locales*. Algunos grandes eruditos eclesiásticos fueron víctimas de la oleada antirreligiosa (volveremos sobre el tema). En Madrid, en las cárceles, cayeron políticos de calidad (Melquíades Álvarez, Víctor Pradera), y un único «gran» literato, Ramiro de Maeztu (en octubre de 1936).

Entre las otras figuras señeras de la *inteligentsia*, supervivientes de 1898 o republicanos de 1931, varios, y no los de menor importancia (Ortega, Marañón, Azorín), se exiliaron o se aislaron en posiciones matizadas (allí donde les sorprendieron los hechos) por el instinto de conservación, la pertenencia de clase, las repugnancias adquiridas. Sin embargo, no sólo los gobernantes republicanos, sino incluso los núcleos anarquistas y comunistas, rivalizaron en atenciones hacia los intelectuales «reconocidos». Amenazado Madrid, la élite de académicos fue albergada en la ciudad de Valencia, como los ministerios y las telas del Prado.

Pero la iniciativa cultural correspondió a los jóvenes poetas: Rafael Alberti, Miguel Hernández, Vicente Aleixandre, José Bergamín, Manuel Altolaguirre, León Felipe, unidos por el recuerdo de Lorca y amparados por la figura señera de Antonio Machado, cuyo destino debía acabar en

Colliure, en febrero de 1939, en la amargura de la derrota. La más importante de sus creaciones fue la revista *Hora de España* (enero de 1937 a noviembre de 1938), «el más grande esfuerzo literario que haya surgido de una guerra», según Waldo Frank. Revista *patriótica,* apasionadamente española, pero abierta a América (César Vallejo, Juan Marinello, Nicolás Guillén, Octavio Paz...) y a la expresión catalana («Oda a Barcelona» de Pere Quart, y «Antologia», en donde figura el último poema de Bartomeu Rosselló-Pòrcel). Perfecto contraste con el «nacionalismo» del otro campo, y si puede sorprender un cierto «belicismo» de la revista, Machado lo justifica denunciando, con un año de anticipación, lo que significa un «pacifismo» que conducirá a Munich.

Pero no olvidemos formas más *populares* de la cultura. El arte de los carteles de Josep Renau (cuyas colecciones son muy apreciadas hoy en día), quien defiende el esquematismo gráfico contra Gaya, los romances y las coplas cantadas en la música folklórica más española y que tararearon tantos resistentes europeos (Wajda nos lo ha recordado en *Cenizas y diamantes*).

Como hecho cultural, la guerra de España tuvo un valor universal. En este sentido, todo el mundo piensa, sin duda, en Malraux, Hemingway, Orwell (señalemos que en los países anglosajones, las Brigadas Internacionales reclutaron muchos intelectuales, en tanto que en otras partes, sobre todo en Francia, el reclutamiento fue de índole más popular).

Es más significativo quizá que el primer grito de angustia sobre el Madrid de 1936 haya sido lanzado por un poeta hispanoamericano

Venid a ver la sangre por las calles,
venid a ver
la sangre por las calles,
venid a ver la sangre
por las calles!

que este poeta fuera un *testigo*, y que se llamara Pablo Neruda.

Sabemos, además, que el Segundo Congreso de Intelectuales para la defensa de la Cultura, de 1937, celebró sucesivamente sus sesiones en Valencia, Madrid, Barcelona y París. Chamson, Tzara, Benda fueron los representantes de Francia.

Ese mismo año los grandes artistas españoles dieron una especie de réplica a esta solidaridad internacional. En la exposición de Artes y Técnicas de París, el pabellón español era modesto en sus dimensiones, pero concebido por Josep Lluís Sert, albergaba el *Gernika* de Picasso, el *Segador* de Joan Miró, la *Montserrat* de Julio González. Es verdad que en París la revista *Occidente* trataba de invocar otros nombres «universales» en favor de la «cruzada» de Franco. Hallaba a Claudel, pero ya Maritain, Madaule, Mauriac, Bernanos, del lado católico, habían denunciado el reverso de esta «cruzada». De todas maneras, cualesquiera que fuesen los prejuicios, y los distingos, de las adhesiones, España, en su desgarramiento, estuvo entonces, como dice el título del poema de Neruda —«España en el corazón»— «en el corazón» del mundo entero. ¡Singular consuelo para tantos sufrimientos!

CAPÍTULO VI

ALGUNOS PROBLEMAS DE DEBATE

BALANCE DE PÉRDIDAS HUMANAS.
REPRESIONES Y TERRORES

Respecto a las «víctimas de la guerra» ya en 1946, creí oportuno poner en guardia: 1) contra las enormes cifras redondas: el *millón de muertos* de que se hablaba entonces; 2) contra «la historia oral», ya que, por ejemplo, tres aragoneses me brindaron respectivamente, como balance de las ejecuciones en Zaragoza, tres fusilados, 10.000 víctimas, ¡por lo menos 30.000! Hoy un cierto complejo de culpabilidad tiende más bien a *rebajar las estimaciones*. La tentación es grande si se procede por cálculos: diferencias entre las cifras accesibles y curvas «normales», duplicidades entre categorías de víctimas, inclusión o no de hechos posteriores al primero de abril de 1939.

Según Salas Larrazábal (*Los datos exactos de la guerra civil*) la cifra de muertos en campaña sería baja: 120.000

equitativamente repartidos entre «nacionales» (59.500) y gubernamentales (60.500), lo que invita a no exagerar las sensaciones de «hecatombes» (el Ebro, por ejemplo). La cifra no comprende, es verdad, 25.500 extranjeros (12.000 muertos en campo «nacional», 13.500 en campo gubernamental). Más desigual sería el reparto de víctimas «por acciones de guerra» (es decir, bombardeos): 4.000 entre los «nacionales», 11.000 entre sus adversarios. Finalmente referente a «homicidios y ejecuciones», habría 72.500 del lado republicano y alrededor de la mitad del lado franquista; pero hay que añadir a estas últimas 23.500 ejecuciones posteriores al 1.º de abril de 1939 (autores muy serios las habían estimado en 200.000). Si se cuentan los muertos de las guerrillas (hasta 1961: 500 miembros de las fuerzas del orden, 2.500 guerrilleros, 1.000 civiles) y los españoles caídos en la guerra mundial (4.300 franquistas, 6.500 resistentes antinazis), se llega al total global (1961) de 306.500 muertos, de los cuales el 50,25 por ciento pertenecían a un campo, el 49,75 por ciento al otro. *Fifty-fifty*, Franco vencedor. Hitler vencido. Responsabilidades y resultados equitativamente repartidos. ¿Qué más se puede pedir?

Es verdad que el señor Salas Larrazábal, que reduce a 306.500 el número de «muertos de la guerra», fija en más del doble (630.500) las *pérdidas por sobremortalidad* (desnutrición, enfermedades), grandes desde 1937 en zona republicana y hasta 1943 en toda España. A estas cuentas, se podría añadir también la *pérdida de natalidad*, y la *emigración* (de balance dudoso). En este sentido amplio, la imagen del «millón de muertos» podría dejar paso a una noción de *déficit de población*, que excedería esta cifra. Recordemos que la guerra de la Independencia (1808-1814) tuvo más peso en el siglo XIX por el déficit demográfico que produjo que por sus episodios sangrientos.

Pero las cifras no lo son todo. En los «desastres de la guerra», *las formas*, que frecuentemente aclaran las *causas*, y siempre conforman los *recuerdos*, son tan importantes como las dimensiones. Un muerto es un muerto, dijo el presidente Azaña a un gobernador civil que se jactaba de no haber tenido en su provincia «más que» 64 víctimas. Lo que habría que comprender son los *fenómenos sociológicos* y los mecanismos mentales.

Una reciente monografía estudia un rincón de la costa catalana, el Maresme, unos 100.000 habitantes. Las víctimas de las dos represiones (1936-1939, y 1939-1945) aparecen consignadas en ella nominalmente, con los detalles precisos. El estudio muestra rasgos importantes (pero, ¿son generalizables?).

1. En esta zona, la represión popular de 1936 no es un «sobresalto»; en julio golpea poco y al azar; el número de ejecuciones culmina en septiembre, tiende a bajar en octubre (normalización de los ayuntamientos), sube en noviembre y diciembre; se cuentan aún algunas víctimas a comienzos de 1937; cuatro caerán en el transcurso del desastre de 1939; pero no hay *ninguna* ejecución desde el 1.º de abril de 1937 hasta el 31 de diciembre de 1938. La represión es, pues, un fenómeno preciso, localizado en el tiempo, que dura alrededor de seis meses y depende de las *condiciones* locales (organizaciones represivas y resistencias que encuentran).

2. Esta represión de 1936 causó 286 víctimas de un total de 100.367 habitantes. De 30 localidades, las diez más pequeñas escaparon al fenómeno; entre las más grandes (900 a 9.000 habitantes, más la capital, Mataró, que tenía

29.000), siete pueblos cuentan con menos de cuatro víctimas; seis entre cuatro y diez; pero hay fuertes contrastes entre los casos que sobrepasan estas cifras: Mataró totaliza 29 ejecuciones por 29.000 habitantes; Canet, 41 por 5.000, y en Sant Vicenç de Montalt, hay 40 víctimas por 886 habitantes: se trata de una comunidad religiosa, no molestada hasta los primeros días de octubre y visitada entonces por un «comité» de fuera de la región, que deja en libertad a cinco religiosos (¡porque eran franceses!) y lleva los otros a Barcelona: aparecerán 40 cadáveres.

3.   Hay que reflexionar, pues, sobre este aspecto: la obsesión antirreligiosa. *¡43,8 por ciento de las víctimas contabilizadas son eclesiásticos!* Hay que remontarse a la Revolución francesa para encontrar algo equivalente. Pero no olvidemos el vocabulario anarquista francés de 1900: *«Si tu veux être heureux, NdD,* pends ton propriétaire, coupe les curés en deux, NdD».*** Es imputar la opresión social a lo religioso.

Los comités locales, a veces, reaccionan: otra comunidad religiosa del Maresme, la cartuja de Montalegre, fue atacada el 20 de julio: de los 35 religiosos conducidos en fila hacia Badalona, cinco murieron en el camino; pero los otros, heridos, fueron atendidos y curados; y el comité de Badalona empleó la fuerza para salvar a los otros. Habían encontrado armas en la cartuja, pero su adquisición databa... ¡de 1909! Recordemos que en Málaga, en 1936, donde tantos edificios ardieron, se salvaron las iglesias porque ya las habían incendiado... ¡en 1931!

---

* Expresión blasfema [«Nom de Dieu»] que rima en la canción. (*N. del t.*)
** «Si quieres ser feliz, NdD, cuelga a tu propietario, corta a los curas en dos, NdD». (*N. del t.*)

Esta *continuidad del hecho mental* explica muchas cosas. «Se sabe» que en caso de triunfo popular habrá inversión de valores. Se protegerán, pues, los grandes símbolos, la catedral de Barcelona o el monasterio de Montserrat. Pero no se puede salvar todo.

Por supuesto que la lucha es social en la base. Industriales, comerciantes, militantes de partidos de derechas, figuran en las listas macabras; pero, al ser entregados los militares a su propia jurisdicción, las víctimas de la lucha político-social, propiamente dicha, ocupan una proporción relativamente reducida; las de las luchas internas en el Frente Popular parecen la excepción.

4. Dicho esto, uno querría aprehender lo vivido de otro modo que por nombres y cifras, y sin recurrir a los novelistas.

Gerald Brenan, escritor inglés, aristócrata liberal, testigo y analista del hecho español desde hacía muchos años, asistió durante el verano de 1936 a la «revolución» desencadenada en Málaga por el fracaso del «Movimiento». Su testimonio es esencial por lo que hace a la «ingenuidad» inicial de los anarquistas. Incendian una tienda de alimentación porque el tendero es impopular; tiene la costumbre de *insultar a los mendigos*, cosa *impía*; pero no se reparten los comestibles: *«eso hubiera sido robar»*. Un panadero anarquista, una especie de asceta, se cree en el derecho de eliminar a los enemigos de clase irrecuperables, pero considera que son casos raros porque la naturaleza humana es buena; su propia vida, por lo demás, le importa poco. Es *el futuro* lo que importa. Un médico barcelonés cuenta en sus memorias la visita de una «patrulla de control» poco tranquilizadora, pero que acaba bien. Al salir, el miliciano se enternece ante la cuna de un bebé: «Tú, cuando seas mayor, *serás de los nuestros*». El autor de las memorias añade: todos los objetos de plata de la familia estaban entre las ropas del bebé.

Del relato de Brenan destaca, sin embargo (y es algo generalizable), que el terror «ingenuo» de los comienzos —el *incendio simbólico* recordaba mucho en esos momentos «el motín del antiguo régimen»— cedió el puesto rápidamente a expediciones sistemáticas de jóvenes, dirigidos por elementos dudosos que explotaban los rencores encendidos por los bombardeos y las jactancias provocadoras de Radio Sevilla: «¿Cuántos marxistas hemos matado hoy? —decía Queipo—, ¿500, 5.000, 500.000?, ¿qué importa?».

Nos gustaría calibrar la distancia entre esas baladronadas y la realidad de la represión franquista. Muchas veces se descalifican, por su tono apasionado, las denuncias de Bernanos sobre las matanzas de Mallorca, pero estudios recientes (Massot) no las desmienten. Otra obra de 1937-1938, entonces muy utilizada por la propaganda republicana, *Doy fe*, de Ruiz Vilaplana, me ha parecido siempre un testimonio concreto; este funcionario del tribunal de Burgos, liberal moderado que consiguió emigrar, había tenido que identificar, a causa de su oficio, durante semanas, cadáveres «desconocidos», muertos por «desconocidos»; en ese feudo de los «partidos de orden», mucho antes de la instauración del «partido único», cuadrillas espontáneas de «buenos ciudadanos» saldaron viejas cuentas sociopolíticas. En Granada, con ayuntamiento socialista y donde el «Movimiento» se sentía poco seguro, la brutalidad de los responsables y la irresponsabilidad de los ejecutores, han quedado de manifiesto a través de los estudios sobre la muerte de García Lorca.

Pero lo que impresiona (y asombra) en la cabeza del «Movimiento» es la capacidad (¿cinismo o inconsciencia?) puesta de manifiesto en el trueque de responsabilidades: se juzga, y muchas veces se ejecuta como «rebelde», a cualquier persona que no se suma a la rebelión.

Cronológicamente se observan paralelismos entre los dos terrores. Al principio, improvisaciones individuales, después «limpiezas» a cargo de grupos organizados, luego represión *legal* menos *mortífera* (primavera de 1937). Pero, del lado franquista, la represión se extendió, terriblemente, con las conquistas.

En el Maresme, después de la victoria franquista, se fusiló a 85 personas, juzgadas según la «causa general» abierta sobre los comportamientos individuales. La cifra es baja en esta comarca porque la emigración de febrero de 1939 alejó de la represión a la mayor parte de aquellos que podían temerla. Queda por saber quiénes *debían* temerla. Evoquemos un caso individual. En Gerona, un escritor de madurez y prestigio, Carles Rahola, autor de artículos muy moderados, no creyó que debía exiliarse. No sorprendió que se le encarcelara, pero su ejecución causó estupor. Este caso refleja el odio existente entre los franquistas contra los intelectuales moderados, sobre todo católicos catalanes y vascos, muy poco homologables al estereotipo de «rojo». No es bueno desmentir una lógica de clase en nombre de una imagen no conformista de la «patria».

Quizá, también, una difícil victoria desemboca en una lógica de terror. El 5 de agosto de 1939, en represalia por un atentado, 60 jóvenes, de los que 11 eran chicas y mujeres, entre 18 y 30 años, fueron fusilados en Madrid, y en las prisiones había 270.000 sospechosos políticos.

En el *Midi* francés, tan próximo, se preguntaban entonces, principalmente, si se podrían contratar a bajo precio a algunos refugiados españoles para la próxima vendimia. ¿Les había impresionado mucho, después de todo, en los meses precedentes los bombardeos que habían machacado diariamente Madrid, causado 2.500 víctimas en algunas horas en Barcelona y destruido Durango o Granollers? Gernika, es verdad, conmovió al mundo. Porque los vascos, para quienes se trataba de su ciudad sagrada, gritaron su dolor; porque la prensa inglesa, la mejor informada, supo decir que se trataba del primer ensayo del terror nazi, y porque el estado mayor franquista, inquieto por el efecto producido, prefirió negarlo y atribuir el incendio «a las hordas en su huida». El mundo se dividió entonces en dos *creencias*: Gernika, símbolo de la guerra fascista amenazante; Gernika, símbolo de la «mentira marxista» (otra audaz inversión de responsabilidades). H. Southworth ha estudiado admirablemente esta característica del siglo xx: *la imagen del acontecimiento*, por el efecto mediático, es más importante que el acontecimiento mismo. Es verdad que también está Picasso. «¿Es usted quien ha hecho Gernika?», le preguntó un oficial alemán. «No, ustedes». Verdadera o no, la anécdota deja las cosas en su sitio.

EUROPA Y EL MUNDO ANTE LA GUERRA DE ESPAÑA

Se pueden clasificar entre los «problemas de debate» los aspectos internacionales del conflicto civil español. No porque sean los peor conocidos. Disponemos de buenas fuentes (como los archivos alemanes) y de buenos trabajos. Pero quedan los obstáculos pasionales. Éste no quiere acordarse que negó Gernika, aquél que la «no intervención» fue anuncio de Munich, otro que los procesos de Moscú eliminaron a los primeros actores del idilio entre la URSS y la República española, el de más allá que Stalin envió armas masivamente a esa República en diciembre de 1938, lo que estorba ciertas reconstrucciones *a posteriori* de la cronología de sus actitudes.

Lo cierto es que, desde 1933 a 1939, cualquier problema español sugiere referencias exteriores: Dollfus, fascismo, nazismo, Frente Popular francés, aislacionismo americano, preferencia inglesa por el *appeasement*, crisis interna de la URSS, divisiones obreras ante el hecho soviético y, finalmente, Munich. Ante este complejo entramado, es tan peligroso simplificar como perderse en el laberinto de los «hechos menores» (aunque sean «verdaderos»).

Antes de julio de 1936 España apenas preocupaba a las diplomacias. Algunos espíritus clarividentes vieron venir, tal vez, el *golpe* militar. Lo imprevisible era que estallase una *guerra* entre dos Españas, cada una de las cuales tenía todas las posibilidades de convertirse en el símbolo de uno de los dos campos mundiales, cuyo enfrentamiento se fraguaba entonces, cualesquiera que fuesen sus contradicciones internas.

Ahora bien, después del 20 de julio, lo esencial, tanto para el gobierno como para el «Movimiento», en España, fue *procurarse armas*, sobre todo *aviones*, de *transporte* y de *combate* (y productos petrolíferos). El gobierno se dirigió a Francia, no sólo (como se dice frecuentemente) por razón de parentesco entre los Frentes Populares, sino porque existían *contratos que cumplir*. La confianza de este gobierno en su legitimidad (y su ingenuidad) iban tan lejos que uno de sus agentes permaneció en Alemania hasta el 18 de agosto intentando restablecer antiguos tratos en materia de suministros de guerra.

a)   La intervención alemana. El 25 de julio, Hitler decidió *intervenir*. Para la historiografía franquista tardía esta intervención es a la vez molesta y cómoda. Después de 1945, Hitler no es ya un aliado presentable. Pero se pueden descargar sobre él ciertos pecados.

Al principio, la operación Feuerzauber es discreta —por contratos *civiles*—. Los archivos descubren, incluso a nivel oficial medio (marina, diplomacia), una información y unas instrucciones mediocres. Pero, con el aval del Führer, los nazis de base son eficaces. Los aviadores franquistas, convertidos hoy en historiadores de su arma, afirman que el «puente aéreo», decisivo, Marruecos-Andalucía, es mérito exclusivo de ellos. Pero, desde el 29 de julio, entraron en servicio un gran transporte, «requisado a la Lufthansa», y, después, el primer «Junker 52» llegado de Alemania. Y después del 6 de agosto el «puente» quedó prácticamente asegurado por los extranjeros. Tiene poco sentido, pues, que los aviones adquiridos en agosto por los dos campos sean, una vez más, casi iguales en número (67 contra 65). La calidad, la eficacia, la decisión premeditada están del lado alemán.

Pero no será hasta octubre cuando los combates aéreos comiencen a oponer cazas y bombarderos de un cierto nivel técnico, y es entonces cuando España se convierte en *campo de experimentación*. No cabe duda que la revelación inesperada del nivel técnico de la aviación soviética está presente en cierta manera en el deseo alemán de experimentar, pero, ¿se puede explicar por la presencia de «katiuskas» en Seseña el 29 de octubre, la decisión tomada en Berlín, veinticuatro horas más tarde, de organizar la «Legión Cóndor»?

Esta «Legión» —de 80 a 150 aparatos según los momentos, con 4.000 hombres a su servicio— asegura, por rotación, la formación de millares de aviadores. En la Luftwaffe las campañas españolas contarán.

A las órdenes, estratégicamente, del mando español, la «Legión Cóndor» tiene su autonomía técnica y táctica. Sperrle y Richtofen serán sus jefes. Que el bombardeo de Gernika sea un «error» de Richtofen es una coartada cómoda. ¿De qué serviría situar el punto exacto de las responsabilidades cuando (ya que Salamanca y Berlín deciden negar el hecho) es poco probable que se haya guardado la orden escrita?

En todo caso, la intervención alemana —importante también para la formación de mandos y soldados— fue considerada rápidamente en Europa, en los medios populares y en algunos círculos políticos e intelectuales, como prueba de la agresividad nazi y anuncio del peligro aéreo. Pero la pasión conservadora y el miedo a las responsabilidades en la mayor parte de los gobiernos determinaron una pasividad total ante lo que se anunciaba, sin embargo, para un futuro próximo: las «coventrizaciones» y los descensos en picado de los «Stukas».

b) *La intervención italiana* también se había concretado desde el 25 de julio, con el envío a Tetuán de 12 «Savoias». A finales de agosto, la aviación italiana determinó el fracaso, en Mallorca, de un intento de reconquista por parte de los republicanos. No obstante, la forma de intervención italiana dominante fue, a partir de enero de 1937, el envío de cuerpos enteros de infantería y de carros de combate: «CTV» (Corpo di Truppe Volontarie) con autonomía de mando.

Estos cuerpos participaron, como hemos visto, en la operación triunfante de Málaga, en la malparada ofensiva sobre Guadalajara, en las campañas del norte, del este, de Cataluña. No es cuestión de plantearse aquí, en detalle, el papel de estas intervenciones. La cifra global de tropas combatientes —¿70.000?— no es ni segura, ni significativa, teniendo en cuenta los relevos y vaivenes. La intervención italiana fue más teatral, más ideológica y financieramente más desinteresada, que la alemana, sin perder por ello las esperanzas a largo plazo (la instalación en Mallorca de una base aérea y naval permanente). Estos proyectos, por otra parte, inquietaban a Hitler, que no deseaba un conflicto anglo-italiano en el Mediterráneo, y sí le interesaba, en cambio, amenazar las comunicaciones de Francia. En materia de terrorismo aéreo, la aviación italiana de Mallorca rivalizó con la aviación alemana, pero con fines menos experimentales que políticos: el terrible bombardeo de marzo de 1938 sobre Barcelona se llevó a cabo como respuesta a un supuesto intento de intervención por parte de Francia.

c)   *Inglaterra y Francia: la «no intervención»*. En las democracias, como era normal, hubo división de opiniones. Pero, en Inglaterra, *los conservadores estaban en el poder.* Sus simpatías, sus pronósticos espontáneos, no se atrevían a expresarse en favor de una rebelión, pero tampoco podían hacerlo en favor de un gobierno legítimo, pero que sobrevivía gracias a una revolución. En los círculos londinenses se deseaba más bien una restauración dinástica y se agasajaba al duque de Alba, agente oficioso del «Movimiento». Los laboristas estaban divididos, y la influencia de algunos incondicionales de la República española era limitada: la duquesa de Atholl, el deán de Canterbury y algunos intelectuales que se incorporan al combate.

La situación en Francia era muy diferente. El «Frente Popular» estaba allí en el poder (y los comunistas en la mayoría). La República española tenía amigos sinceros, incluso entre gentes moderadas (como ciertos políticos del sur). El movimiento obrero, en 1931, en 1934 o en febrero de 1936, se apasionó por los acontecimientos españoles; a partir de junio, el ambiente era alegre en los medios populares, mientras que la prensa de oposición empleaba un vocabulario de guerra civil. Aplicado éste a España desde el 18 de julio, describe una España dividida en dos campos: de un lado el ejército del crimen, de otro la defensa del orden, de la patria, de la religión y de la moral. Es cierto que también llegan informaciones decentes, pero cada uno las interpreta a su manera. Lo más grave es la afirmación: acusar a Alemania e Italia a propósito de España es *querer la guerra* («la guerra ideológica»). Por un lado, está, pues, la multitud que corea: *«Cañones / para España, aviones / para España»*, y que en el Velodrome d'Hiver aclama a *Pasionaria*. Por el otro, convergen los pacifismos tradicionales (socialistas, anarquizantes) y el «neopacifismo» que afirma que la crítica a Hitler y Mussolini es una amenaza para la paz.

En su puesto de responsabilidad, el 20 de julio de 1936, un hombre, Léon Blum, debe decir «sí» o «no» al gobierno Giral que, en virtud de acuerdos existentes, a través de su embajada y contra pago regular, pide 20 aviones y una entrega de armas. ¿Es una petición «de intervención»? Más bien la negativa lo sería, y Blum dice «sí». El día 24 tendrá lugar, pues, una pequeña entrega de armas.

Pero ya sabemos (*cf.* p. 68) cómo el gobierno francés quedó apresado entre dos obstáculos conjugados: maniobras de diplomáticos españoles pasados a la disidencia, y campaña de prensa alertando sobre el peligro de guerra. Se ha hablado demasiado de las «lágrimas» de Léon Blum. La contradicción *no está en el hombre, sino en la sociedad*. Cuando Blum, el 7 de agosto, estuvo tentado de dimitir, sus amigos españoles le disuadieron de ello: su sucesor podía ser peor.

Los días 22-23 de julio, Londres había hecho presión sobre los franceses. Diplomáticamente, por tanto discretamente (Eden lo negará más tarde, cuando experimente su propia crisis de conciencia). Las presiones existían también en París (Herriot, Lebrun). El 25, el Consejo de Ministros pensaba en un «camuflaje» (intermediario mexicano, aviones no armados). El 1.º de agosto el avión italiano caído en Argelia eliminó los escrúpulos; el 5, pilotos franceses entregaban algunos «Dewoitine» y algunos «Potez». En Londres, el almirante Darlan constató las simpatías del Almirantazgo por los insurgentes. El 8, Francia anunció que cerraba sus fronteras para dar buen ejemplo.

La posición oficial de Blum se concretó en que la mejor fórmula era una «neutralidad» total. Propuso la no ingerencia a Inglaterra y a Italia. Se le sugirió extender su proposición a todos los países, bajo la denominación de *no intervención* (que da como una cierta legalidad a los sublevados). Veintisiete gobiernos aceptan: Italia el 21 de agosto, la URSS el 23, Alemania el 24. En septiembre, en Londres se establece un Comité de No Intervención. Más tarde, se colocarán controles militares en las fronteras.

Es clásico —salvo entre algunos neofranquistas que se felicitan de esta «limitación de la escalada»— calificar de «farsa» la «no intervención». Confesemos que la palabra viene a las mientes si se evocan los debates de 1937, donde, discutiendo los bombardeos de poblaciones civiles, *nadie se atreve a pronunciar la palabra Gernika*, ni siquiera el delegado sueco, indignado, sin embargo, por el suceso, pero que lo denuncia por medio de perífrasis. Reclamar una «no intervención» cuando los pueblos arden, cuando las escuadrillas se enfrentan, cuando los submarinos hunden los barcos, cuando un mando italiano negocia con los vascos, es una burla. El día de Munich, me encontraba yo en Vernet-les-Bains y cuando me cruzaba por las calles con los «controladores» escandinavos en uniforme de gala me parecía asistir a una puesta en escena surrealista.

De hecho, la guerra de España levantaba demasiadas pasiones para que la práctica «no intervencionista» no dependiese de divisiones internas de cada país y del momento internacional. En el otoño de 1936, ante la amenaza sobre Madrid, Blum encargaba a un grupo oficioso (en el que figuraban Vincent Auriol y Jean Moulin) que procurasen una «no intervención» flexibilizada. El partido comunista reclutaba franceses para las Brigadas Internacionales y encaminaba a los extranjeros. Se crearon órganos para las compras y los transportes (France-Navigation). Afluían las donaciones humanitarias. En la época del «milagro de Madrid» las sensibilidades democráticas y revolucionarias, muy distintas y contradictorias sin embargo, parecieron converger, un poco en todo el mundo, sobre la cuestión española.

En febrero de 1937, cuando la colocación de los controles, Léon Blum hizo cerrar la frontera y no la reabrió antes de su caída (junio). Chautemps la reabrió en septiembre, cuando Gran Bretaña tuvo una reacción momentánea contra la guerra submarina italiana (conferencia de Nyon).

A principios de 1938 pareció incluso que se anunciaban cambios: en Inglaterra, Eden presentó la dimisión en el Foreign Office *debido al tema español*, porque consideraba que se volvía a ser demasiado conciliador con Italia. En Francia, el Anschluss determinaba la vuelta al poder de Léon Blum, quien consultó al Consejo de Defensa Nacional sobre los problemas militares que podían plantear los acontecimientos de Checoslovaquia *y los de España*. El secreto estuvo mal guardado y hubo quien clamaba diciendo que eso era *intervención*. Nadie la había propuesto, aunque se atribuye al coronel Morel, agregado militar en Barcelona, la *boutade*: «un rey de Francia haría la guerra». Morel, de hecho, no preconizaba una intervención *directa* (¡sobre todo de ninguna manera bajo la forma de «dos divisiones»!), pero ponía de relieve los peligros de la presencia en España del «eje Roma-Berlín», no creía en la solidez militar de Italia y pensaba que, mejor armada, la República española conservaría sus posibilidades de vencer. ¿Le comprendieron? En todo caso no fue atendido.

Con Georges Bonnet y lord Halifax, la política francobritánica se encaminó hacia Munich, verdadero cambio para el destino español, tanto como para el de Europa.

Y, sin embargo, en diciembre de 1938, el convoy más grande de armas y aviones soviéticos de toda la guerra, procedente de Murmansk, todavía fue enviado, aunque no sin lentitud, a través de Francia. Llegó demasiado tarde.

Se le llame «farsa» o «tragedia», la «no intervención» del lado francés fue sobre todo *incoherencia*.

Para explicarlo, hay que evocar la guerra civil moral que transfirieron por todo el mundo las pasiones españolas. En Francia, anuncia la época de la ocupación. En todos los niveles de *la información* y de la *decisión*, las convicciones íntimas pueden más que las deontologías profesionales.

En 1936, en Hendaya, el embajador Herbette se confiesa más franquista que Franco. En agosto-septiembre el Quai d'Orsay no consigue hacerse escuchar por su cónsul general en Barcelona. Cuando, en 1938, lleguen los informes más equilibrados de Erik Labonne y del coronel Morel, no interesarán gran cosa a Georges Bonnet. Se ha descrito a propósito de Gernika (Southworth) el sabotaje de la información en la Agencia Havas, y Brenan ha hablado del carácter apasionado, unilateral, de las descripciones del hecho español por los testigos británicos. Si bien una gran parte de intelectuales y de ambientes populares de Europa se entusiasma por los «valerosos combatientes antifascistas» españoles, toda una parte de la opinión, detrás de su prensa, no ven en ellos más que chusma, asesinos, bandidos.

De todo ello resulta, al menos, una tragedia. Cuando en febrero de 1939 400.000 refugiados pasaron la frontera de los Pirineos, fueron concentrados en campos improvisados detrás de las alambradas, en Argelés, sobre la arena misma. Si la sorpresa puede explicar las carencias materiales, los españoles no han perdonado que se les tratara como *sospechosos* y como *mendigos*. Hay que leer sus memorias sobre todo eso. Sin embargo, dos años más tarde, aquello no impidió que los más militantes participaran en la resistencia francesa, y pagaran un gravoso tributo en los campos de exterminio nazis. Es *esta unidad de combates y de sufrimientos* lo que sitúa históricamente la guerra de España.

d) La intervención soviética. La diplomacia soviética no estaba más preparada que otras para ver surgir una verdadera guerra en España. A finales de julio se organizaron mítines y colectas contra el golpe de estado fascista español. Pero, si las relaciones diplomáticas entre los dos países, interrumpidas desde hacía mucho tiempo, estaban en vías de restablecerse, no se intercambiaron embajadores hasta agosto-septiembre, y la adhesión de la Unión Soviética a la «no intervención» es, como sabemos, del 23 de agosto.

No obstante un contingente de técnicos soviéticos, modesto en cantidad y en calidad, se encontraba en España en el mes de septiembre. El 7 de octubre, en una nota que constataba las presencias extranjeras entre los sublevados, el gobierno de la URSS declaraba que recobraba su libertad de acción. Hemos hablado de la aparición de carros de combate soviéticos en Seseña, el 29 de octubre; en la batalla de Madrid la presencia de aviones y de consejeros militares pudo hacer hablar a unos de «ayuda soviética», a otros de «intervención».

Para el conjunto de la guerra, la cantidad de suministros de material comprado regularmente fue considerable: alrededor de 800 aviones (1.100 si se cuenta la entrega de diciembre de 1938 que no fue desembalada), 1.000 carros de combate, 30.000 ametralladoras, sin duda el doble de lo que aprovisionó el resto del mundo y de mejor calidad (en el armamento gubernamental). Los soviéticos han publicado las cifras de personal desplazado: 2.064 técnicos. Ramón Salas propone 5.000, pero «por analogía» con la

«Legión Cóndor». Es evidente que no se puede cifrar la ayuda cualitativa que han aportado los consejeros militares.

Todo esto planteaba problemas *políticos*. La ayuda soviética, la propaganda con que se la rodeó al incorporar al Partido Comunista español los elementos populares más combativos (entre los cuales había muchos socialistas y anarquistas), irritaron especialmente a las otras formaciones políticas. Una carta de Stalin y Molotov a Largo Caballero, en diciembre de 1936, es recordada con frecuencia; recomendaba: 1) no poner como objetivo de la guerra sino la defensa de la democracia, y tranquilizar a las clases medias; 2) crear una guerra de guerrillas en las retaguardias del frente sublevado. La mayor parte de los comentaristas, según lo que quieren demostrar, citan uno *u* otro, no el uno *y* el otro, de estos «consejos».

Lo que irritó a Largo Caballero es que se le diesen «consejos». Pronto hizo retirar al embajador Rosenberg y se convirtió en el adversario (y la bestia negra) de los comunistas del interior. Incluso Negrín, de quien siempre se subrayan sus relaciones privilegiadas con el Partido Comunista, apenas las tuvo con el personal soviético. Pascua, el embajador republicano en Moscú, veía por el contrario muy claramente la importancia de la ayuda soviética, sus límites, que no se le ocultaban, y también la crisis interna que sacudía al régimen de Moscú. Porque la guerra de España es contemporánea de los grandes procesos.

La obsesión del trotskismo se refleja en España con el proceso del POUM, y los personajes-símbolos de los primeros meses de amistad —Rosenberg, Antonov-Ovsseenko, Koltsov— desaparecieron misteriosamente cuando retornaron a su país. Sin duda, intervinieron servicios secretos y policías paralelas. Para hacer esa historia, desgraciadamente no disponemos más que de las memorias de sus disidentes.

Dos imágenes muy difundidas me parecen discutibles. Stalin habría abandonado, desde el verano de 1938, la España republicana a su suerte. Ahora bien, en diciembre de 1938, su entrevista con Hidalgo de Cisneros, y el envío de armas masivo que resultó de ella indican más bien que, en esta fecha, él apostaba todavía por una resistencia española con la que contar en caso de conflicto generalizado, y su «giro», en marzo de 1939, coincide exactamente con la derrota republicana.

Otra afirmación corriente que hay que matizar: en el transcurso de las represiones estalinistas, los «veteranos de España» habrían sido tratados «todos» como sospechosos. Sería necesario estudiar de cerca tal fenómeno. Pero quedan *hechos masivos* no menos importantes: la popularidad de los combatientes españoles en la Unión Soviética, su participación en la «gran guerra patriótica», el número y calidad de «antiguos consejeros» del frente español en los estados mayores de esta guerra y el recuerdo de las Brigadas Internacionales entre tantos líderes de las resistencias europeas. La presencia del *hecho español* en la historia del siglo xx se verifica también en este caso.

e) *Las Brigadas Internacionales.* Desde julio de 1936, esta resonancia internacional del hecho español era clara. Numerosos individuos, temperamentos revolucionarios o víctimas del fascismo, quisieron participar en el combate de los españoles, percibido bien como una revolución (Orwell, Simone Weil), bien como una resistencia (los Rosselli, De Rosa, Ludwig Renn). Hubo extranjeros (e incluso unidades extranjeras) en las milicias de todos los colores en los meses de julio y agosto. Entre estos combatientes de primera hora, muchos (pero no todos) se unieron un poco más tarde a las Brigadas Internacionales reunidas ante el llamamiento de varias organizaciones, bajo la influencia dominante de la Internacional comunista, pero en las que confluyeron combatientes voluntarios del mundo entero —estuvieron representadas *setenta nacionalidades*— a través de vías frecuentemente difíciles (Alemania, Italia, Europa Central...).

Recibidos con bastante frialdad por el gobierno español, con hostilidad por parte de los anarquistas en las fronteras, los «Internacionales» pudieron no obstante organizarse, a finales de octubre, en la base de Albacete, puesta a su disposición. El 8 de noviembre, la IX Brigada llegaba a Madrid para participar en el combate (*cf.* p. 76). La siguieron otras y la coordinación principal se ejerció alrededor de las formaciones salidas del «Quinto Regimiento» creado por los comunistas en Madrid. A partir de este momento, y hasta el otoño de 1938, las Brigadas estuvieron casi siempre en primera línea del frente.

¿En cuánto estimar su presencia, cuantitativamente? En diciembre de 1936, en el Comité de No Intervención, Ribbentropp avanzó la cifra de 60.000, de los que 30.000 serían rusos (no había ni un solo ruso entre los soldados). En la misma fecha, un estudio detallado fija en 35.306 el número de los «Internacionales», que subiría a 59.380 en el otoño de 1938, cuando las Brigadas fueron disueltas. Pero se trata de todos aquellos que figuraron en una lista en un momento dado. En el momento de la disolución, de la cifra indicada no quedaban más que 12.673 combatientes. Es, pues, difícil cifrar el peso exacto de la participación extranjera en las diversas batallas. Pero se sabe que hubo en las Brigadas cerca de 10.000 muertos (9.934), que sólo el 7,4 por ciento de los brigadistas salieron de la guerra totalmente indemnes y que el 26 por ciento eran franceses.

El 21 de septiembre de 1938, Negrín anunciaba a la Sociedad de Naciones la retirada de todos los combatientes extranjeros de las tropas republicanas. El 28 de octubre desfilaban en Barcelona bajo las aclamaciones y las flores. No todos habían pasado la frontera antes del ataque final. Algo más de 2.000 lucharon todavía durante la campaña de Cataluña. En la frontera francesa, en una atmósfera ya «de preguerra», los extranjeros corrían peligro, como es fácil de adivinar, de ser llevados a un campo de concentración (Gurs).

La aventura de los «Internacionales» no podía estar exenta de problemas. Su afluencia implicaba márgenes poco controlables. Se sabe que André Marty, organizador de la base de Albacete, actuó con una extrema brutalidad con los desertores, los débiles, los sospechosos. Ciertamente, estuvo obsesionado por la «espionitis», en tanto que su entorno inmediato hormigueaba, se dice, de agentes de gobiernos extranjeros. Una cosa no quita la otra.

Pero, en los combates de Madrid, a lo largo del Jarama y sobre todo en la carretera de Guadalajara —con la llamada de la Brigada Garibaldi a la confraternización de los italianos—, ¿cómo no clasificar el episodio de las Brigadas entre los grandes momentos —quizá el último— de uno de los sueños del siglo XIX, el sueño *internacionalista*?

Esta referencia nos orientará hacia unas breves reflexiones finales.

ALGUNAS REFLEXIONES FINALES

Es cierto que del 18 al 20 de julio de 1936, España sufrió un choque de unas características que evocan el siglo xix: propietarios, militares y sacerdotes —seguidos, en algunas regiones, por masas habituadas a obedecerles—, contra burgueses medios seducidos por los principios de la Revolución francesa y contra un pueblo muy pobre inclinado a soñar con la Revolución (a secas) según modelos heredados de los socialistas utópicos.

Incluso en la cumbre del Estado español republicano se encuentran oposiciones ya presentes en 1873-1874: tentación anarquizante (en Pi y Margall), tentación jacobina (en Castelar).

Pero la sacudida de julio *se sitúa en el corazón de los años treinta de nuestro siglo*, y traduce sus características. La lucha de clases toma el aspecto, en Europa, de un enfrentamiento entre la eficacia ofensiva de los nacionalismos de conquista y la mentalidad obsidional de los herederos de 1917 ante el miedo a quedarse solos frente a la amenaza. Es muy difícil, por esas fechas, ser antifascista y anticomunista *a la vez*: así lo experimentaron las «demo-

cracias occidentales» y, también, los partidos revolucionarios españoles que rechazaron el modelo estaliniano. Es
así como el conservadurismo y el tradicionalismo españoles
pudieron adoptar los gestos, los métodos y la alianza de
nazis y fascistas, mientras el gobierno español republicano,
no teniendo fuerzas sino en hombres, sólo encontró apoyos
seguros y continuos, en el interior y en el exterior, entre
los comunistas organizados y en el comunismo en el poder.

Resulta de esta evolución que, según la fórmula de
Julio Álvarez del Vayo, frecuentemente citada, «la guerra
de España fue la primera batalla de la segunda guerra
mundial». La prueba de ello es que Hitler y Mussolini
esperaron a su fin para entrar en Praga y en Tirana, y
Stalin para anunciar que «él no sacaría las castañas del
fuego» a las potencias occidentales. En 1945, el mantenimiento de Franco al frente de España será un primer acto
de «guerra fría». No me parece que, en las historias generales del siglo xx, este papel *revelador* de los hechos españoles sea subrayado generalmente como convendría.

¿Pero qué papel juega todavía la guerra civil en la
conciencia de los españoles? Ése es otro problema. En el
curso de los últimos diez años de franquismo, y de los
cinco primeros de la «transición», casi no pasaba un día
sin que publicaciones, conversaciones, recuerdos de mayores
y curiosidad de jóvenes no tuvieran como eje la guerra civil.
Después, la tendencia dominante ha venido a ser: «no
pensemos más en la guerra; aquello fue una triste aberra-
ción». Mientras que la actitud, más o menos consciente, de
repartir equitativamente ·—mitad y mitad— las pérdidas,
las ayudas, las responsabilidades, los crímenes, evidencia el
anhelo de que no hubiera nada de qué acusarse mutua-
mente.

No estoy seguro de que esta ecuanimidad aparente sea tranquilizadora. Si el mito histórico tiene sus peligros, otro tanto sucede con el olvido. Poco antes de morir, el gran medievalista Claudio Sánchez Albornoz —que nunca negó su pertenencia a una «tercera España» hostil a las otras dos y que, sin embargo, aceptó, por coherencia «liberal», ser presidente de la República en el exilio— lanzó un grito de alarma: «*No olvidemos la guerra civil*». Conocerla lo suficiente como para llegar a *entenderla* contribuiría, sin duda, a ahuyentar su fantasma, a superar el innegable complejo de culpabilidad que causaron a los españoles, después de tanta efusión de sangre, por una parte la derrota republicana y, por otra, el mentís que la derrota hitleriana, y la condena universal que la siguió, representó para la buena conciencia del franquismo. No creo que haga ninguna falta demostrar que los españoles no son más sanguinarios que sus vecinos. No han hecho un Auschwitz ni un Hiroshima. Claudio Sánchez Albornoz subraya especialmente que los españoles trataron de hacer en diez años tres revoluciones —religiosa, política y social— que otros países han tenido que hacer en siglos, con Cromwell, Robespierre y Stalin como héroes.

Pero la cuestión está en saber si estas tres revoluciones han llegado a hacerse realmente en España. Quizás en lo que más se ha avanzado sea en el cambio de la mentalidad religiosa, en el sentido de que una guerra de religión, bajo la forma que tomó en 1936, es ya inimaginable. Que la Revolución social no se haya hecho no es una excepción en la Europa occidental. Lo que convendría saber es si la *modernización de la economía*, innegable pero desigual, no ha dejado subsistir demasiadas desigualdades, demasiadas pobrezas, demasiado paro industrial y rural como para que se puedan considerar excluidas nuevas condiciones revolucionarias. Un ministro franquista dijo un día que la democracia vale para países que producen más de 1.000 dólares *per capita*. En suma, ¡un lujo! Pero se habían rebasado ya los 3.000 en España cuando se rozó el pronunciamiento, en febrero de 1981. ¡Y la cuestión vasca no está resuelta! Vale más, pues, al evocar la guerra civil, razonar sobre sus *causas* para preguntarse si han desaparecido, y sobre la situación *mundial*, que fue decisiva. Conviene que un *análisis histórico* de *todos* los factores prive sobre la investigación minuciosamente factual, y sobre las preferencias existenciales.

Unas últimas líneas, dirigidas al público francés. Entre 1936 y 1939, muchos franceses tomaron partido por un campo u otro de la contienda española, apasionadamente. Después llegó la indiferencia. El francés en España no es más que un turista. No sería malo, pues, recordarle que entre las primeras avanzadillas armadas que alcanzaron el *Hôtel de Ville* de París, el 24 de agosto de 1944, aparecieron tanquetas denominadas «Madrid», «Teruel», «Guadalajara», «Ebro», «Gernika» (y una de ellas, también, ¡«Don Quijote»!). Si este librito explica el porqué de ello, cincuenta años después de julio de 1936, habrá cubierto, modestamente, su cometido.

ÍNDICE ONOMÁSTICO

ÍNDICE

Títulos publicados hasta el momento